KB253537

재일교포 한인의 눈으로 본 비교문화론

터무니없는 한국 사람, 얄미운 일본 사람

申潤植 著

東文選

터무니없는 한국 사람, 얄미운 일본 사람

출간을 축하하며

조병화(대한민국예술원 회장)

이 책은 신윤식 박사의 필생의 수상록이라 하겠습니다.

서울고등학교를 제1회 최우등생으로 졸업, 서울공과대학 전기공학과에 입학, 재학중 6·25 한국동란, 부산으로 피난, 향학열에 넘쳐서 일본으로 밀항, 동경대학에 입학, 동경대학에서 해방 후 제1호로 농학박사를 취득하였습니다. 지도교수의 알선에도 불구하고 한국인이기 때문에 조교수에 머무를 수밖에 없는 교수직을 사양, 지금의 일본 국토방재기술주식회사를 창립멤버로서 창설, 줄곧 이 회사를 통하여 일본 국내뿐만 아니라 세계적으로 '사방공학(砂防工學)'의 이론과 실제에 헌신·노력·연구, 현재 이 학문에 있어서 세계적으로 인준을 받고 있는 학자이며 실천가입니다. 현재는 이 회사 '국토방재기술주식회사'의 회장으로서 일관 한국인의 긍지를 지키고 있는 실로 명예로운 한국인입니다.

신박사는 이렇게 일본 땅에서 초지일관 신윤식이라는

이름을 바꾸지 않고, 당당하게 한국인이라는 것을 내세워 떳떳하게 한국인으로 살아오면서 일본을 이겨낸 훌륭한 사람이옵니다.

이러한 신박사가 근 반세기, 그러니까 인생 50여 년을 줄곧 일본에서 생활하면서 예리한 지성인으로서 수려한 과학자로서 투철한 실천가로서 그 날카로운 지혜로 얻어낸 '일본인'과 '한국인'의 실제 모습을 아름답고 깊이 있는 문장으로 담아낸 '한국인과 일본인의 비교문화론,' 이러한 내용이 이 책이 되겠습니다.

실로 이 글은 신박사의 온몸에 배어 있는 애국심이며, 하나 거짓 없는 객관적인 정확한 비교문화론이라 하겠습니다.

우리는 서로 이러한 사실을 잘 읽고 알고 해서, 더욱 인접국 일본하고의 관계를 잘 평화적으로 평화스럽게 공존해 나갔으면 합니다.

특히 자라나는 이 나라 청소년들에게.

지금 신박사 나이 일흔. 이 책은 일본에서는 일본어로, 한국에서는 한국어로 동시에 출판되는 소식, 이것이 신박사로서는 일본에서는 일본을 떠나는 인사이며, 한국에서는 한국으로 돌아오는 그 인사라고 생각이 됩니다.

참으로 신박사는 훌륭한 인생, 자랑스러운 한국인으로 사셨습니다. 축하합니다. 끝없이 축하합니다.

머리말

반세기 가까이 일본에 살고 있자니 반일본 사람(반쪽바리)이 되는가 보다. 때때로 귀국해 보면, 한국 사람의 대응이 무뚝뚝하게 느껴지고 눈에 거슬리는 일이 한두 가지가 아니다.

한편 너무 오랫동안 외국에 살고 있다 보니, 그동안 쌓이고 쌓인 외국인으로 느껴온 위화감이 힘에 겨워 고국에 돌아가고 싶다는 마음이 점점 짙어진다.

즉 모국인 한국에 있어서도, 청년기부터 노년에 이르는 지금까지 살아온 일본에 있어서도 이방인인 듯한 소외감을 느끼게 된다.

본서는 그렇게 양다리를 걸치고 있는 듯한 이방인의 눈에 비추어진 일들을 수필풍으로 모아 본 것이다. 언제 죽을지도 모르는 상황 아래서, 또한 이미 스스로의 묘지를 정하고 묘비까지 생전에 건립한 사람으로서 유언의 뜻이기도 하다.

본서를 쓰기 시작한 것은, 작년 12월경 간암의 유전자요법을 받기 위해 한국에 머물러 있을 때였다. 때마침 대통령선거 후 대통령직인수위원회의 활약이 연일 텔레비

전에서 방송되고, IMF 위기극복을 위한 '금모으기 운동'
이 한창인 때였다. 금이라 하는 것은, 한국의 풍습으로 본
다면 단순한 장신구가 아니다. 오랜 역사에서 볼 때, 동란
등에 휘말리며 수없이 피난을 거듭하여야 했던 백성들의
생활의 지혜라고나 할까. 만일의 경우에 대비해 휴대가
간편하다는 특별한 뜻이 있는 비축품인 것이다.

　한국에선 첫돌 잔치를 성대하게 치르는 풍습이 있다.
친척들이 모두 모이고, 금반지·금팔찌 등을 선물하며 축
하해 준다. 또한 결혼이나 특별한 날의 선물로 금목걸
이·금거북 등을 주고받기도 한다. IMF라곤 하지만, 이
러한 한국인 특유의 소중하고 지혜로운 비축품이기도 한
금제품이 과연 나올 것인가 하며 반신반의하고 있었다.
그러나 뚜껑을 열고 보니 너무나 놀랍지 않은가. 연일 끊
임없이 열을 지어 금을 들고 나오는 것이다. 최종적으로
177톤이 모였다고 한다. '이치따지기를 좋아하며, 여간해
서 하나로 뭉치지 못하는 민족'이라고 생각해 온 나의 선
입관이 여지없이 무너져 버렸다.

　한국 사람에 대한 것, 일본 사람에 대한 것, 오랫동안
가슴속에 맺혀 있던 일들을 엮어 보았다. 말이 지나치게
된 점도, 제대로 말을 다하지 못한 점도 많을 것이다. 다
만 살아 생전에 한 번은 털어놓고 싶었던 일들인 것이다.

1998. 3. 13.　저 자

차 례

터무니없는 한국 사람, 얄미운 일본 사람

序

사고방식의 기본적 차이점

1. 한국의 풍습

한국은 일찍이 동방예의지국이라 불려왔던 만큼 유교의 영향을 아직도 뿌리 깊게 간직하고 있다. 일본에서 말하는 법요(法要)를 한국에서는 제사라 하는데, 이 의식은 유교의 가르침을 따른 것이다. 또한 한국문화에 대하여 특기해야 할 것은, 유교와 불교가 혼연일체가 되어 일상생활의 규범이 되어 있다는 점이다. 시대의 흐름에 따라 예전 같지는 않다고 하지만 연장자에 대한 경로사상은 지금까지도 그런 대로 굳게 지켜지고 있다. 연세든 분들에게는 제법 살기 좋은 나라라 할 수 있다.

한국인들은 일반적으로 이치따지기를 좋아한다. 따지기를 잘하기 때문에 일이 슬슬 풀려가기가 쉽지 않다. 이치를 따지며 논의하기를 좋아한다는 것은, 어쩌면 공자의 《논어》의 가르침이 그 저변에 깔려 있기 때문인지도 모른다. 필자의 전세대는 만사에 '공자왈(孔子曰)'을 입에 달고 있었다.

뇌물이라는 것은 어느 나라에나 다소는 있는 것으로 특히 아시아 제국에서 그 예를 많이 보게 되는데, 직권에 끼여든 생활의 지혜라고 말할 수도 있을 것 같다. 한국에 대하여 좀더 깊이 살펴보기로 하자.

조선 5백년 역사에서 보면, 관리임용제도로써 전대 고려시대로부터 이어받아 과거제도가 시행되었다. 과거에 급제한 사람에게는 칭호가 주어지고, 많은 경우 어떤 관직에 자리잡는다. 이른바 양반(兩班), 즉 문반(文班)이나 무반(武班)의 어느쪽 서열에 들게 된다. 과거시험은 한성에서 치르게 되어 있고, 이미 양반의 서열에 든 일족의 자제는 경제적으로나 또는 연고관계로 보나 응시의 기회가 쉬웠을 것이다. 문제는 지방의 서생인 것이다. 과거에 응시하고 싶어도 도성에서 너무 멀고, 당나귀를 타고 터벅터벅 가야 하는 여정은 꽤나 많은 날짜와 비용이 든다. 일족에서 과거에 등용된 사람이 나온다는 것은 명예로운 일이어서, 일족의 자제 중에 학문에 뛰어난 사람을 뽑아서 일족이 그 비용을 모아 준다. 과거에 합격하여 관직에 앉게 된 사람은 일족에 대하여 의리를 느끼고, 그 의리를 갚으려 할 것이다. 여기서 말하는 일족이란 동성동본의 집단으로서, 그 단결력이 견고하다. 자, 그러면 어떻게 보상할 것인가. 스스로의 주머니, 즉 정규수입 이외의 소득에 의지할 수밖에 없다. 이것이 한국에 있어서의 뇌물의 기원이 아닌가 생각된다.

　한국에서는 어떠한 직장에 자리잡더라도, 그 직책에 대한 특권의식을 갖는 악습이 있다. 관리가 아니더라도 그 직권을 내세워 떡값을 받으려 한다. 시바 료타로〔司馬遼太郎〕의 《가도(街道)를 가다 2, 한(韓)나라 기행》〔街道をゆく 2, 韓のくに 紀行〕에 〈대구(大邱)의 맛사지사〉라는 글이 있는데, 호텔의 프런트에 맛사지사를 부탁하고 그 요금(料金)에 얽힌 이야기이다. 지금으로부터 약 20년 전인 1978년에 출판된 것으로, 일본의 호텔에서 한 시간에 1천 엔(¥) 정도의 시대에 3천 원(₩)을 요구받았다. 당시는 원이나 엔이나 같은 값이었으니까 일본의 세 배인 것이다. 맛사지를 받으며 맛사지사에게 넌지시 알아보았더니, 맛사지사의 몫은 3백 원 정도. 나머지 2천7백 원은 어떻게 처분되는가. 아마도 1백 원은 호텔 규정상의 납입금으로 넣고, 남은 2천6백 원은 부탁할 때 프런트에 있던 세 사람의 프런트 담당이 산적식(山賊式)으로 나눌 것이다. 맛사지사는 프런트 담당이 불러 주었기 때문에 3백 원을 벌 수 있는 기회가 주어졌고, 손님도 프런트 담당 덕분에 맛사지를 받을 수 있게 되었으므로 어느쪽도 불평을 할 처지가 아니다. 이러한 수배(受配)가 가능한 것은 프런트 담당이라는 권력의 자리에 있기 때문. 더구나 손님이 민족적 증오의 대상인 일본인이므로 규정가의 30배로 바가지

를 씌웠다 해도, 그러한 증오의 대상에게 맛사지를 수배
(手配)해 준 것은 민족의 관대함을 보여 준 행위로, 손님
은 오히려 하느님에게 감사해야 마땅한 것이라고 맛사지
를 받으며 시바 씨는 생각한다. 자, 그러면 2천6백 원은
어떤 식으로 나누어질까. 물론 균등하지는 않을 것이다.
시바 씨로부터 전화를 받은 프런트 담당이 2천 원, 다른
두 사람은 '보았다·들었다' 하는 이유로 3백 원씩 받는
다. 그것이 아시아식의 '관료'로, 시바 씨는 그것을 가지
고 체제로서의 유교라고 못박고, 그 호텔에 있어서의 프
런트 담당과 맛사지사와 손님과의 관계를 국가로 확대해
석해도 무방하다고 확언하고 있다.
　관리가 아니더라도 어떤 직책을 맡게 되면 묘하게 거만
해지는 한국인의 특성이랄까 습성이랄까 그러한 것을 잘
꼬집어 말한 것같이 생각된다.

　필자는 22세 때부터 70이 된 지금까지 약 47년간 일본
에 머물러 살고 있다. 그동안 1년에 한두 번 정도씩은 한
국을 방문하고 있는데, 실감으로써 시바 씨의 의견에 수
긍할 수밖에 없다.

　지금으로부터 삼십 수년 전까지는 일본에서 한국을 방
문하고 나서 다시 일본에 돌아오는 경우, 한국의 외무부
에 가서 '출국허가신청'을 해야만 했다. 창구에서 신청을
하니 "내일 찾으러 오세요" 한다. 다음날 가니 "아직 안
나왔으니 내일 찾으러 오세요." 이런 일이 세 번이나 계

속되었다. 말이 안 된다 생각해서 외무부의 아는 사람을 찾아가 이런 사정을 설명했다. 그러자 그 사람이 바로 일어나서 그 창구로 갔다. 안으로 들어가 무언가 말을 하니, 담당자가 서랍을 열어 필자의 패스포트를 꺼내어 건네 주었다. 금액은 잊었으나 "신청서를 낼 때, ○○원 정도를 패스포트에 끼워서 건네 주면 이런 일은 없었을 것입니다"라고 말한다. ○○원이 아까워서가 아니다. 이런 것은 상대의 인격을 손상시키는 짓이 되지 않을까. 요는 뇌물을 주는 방법을 이쪽이 모르고 있는 것이다. 일본에서 이런 짓을 했다면 "이건 무엇입니까" 하고 현금을 팽개침당하지 않았을까 한다.

2. 중국적인 멘쓰

중국 사람은 얼굴을 대하고서의, 즉 face-to-face의 사과법을 쓰지 않는다. 여간해서는 자신의 잘못을 인정하려 들지 않고, 사과한다 해도 제삼자를 통한 사과를 택한다. 그렇게 함으로써 쌍방의 멘쓰[面子; 체면]가 선다는 생활습관을 가지고 있다. 솔직히 사과를 하지 않으므로 외국인과의 교섭에선 '잘못을 인정하려 들지 않는다' 라는 오해를 받게 되고, 이것이 '속을 알 수 없는 중국인' 이라고 하는 인상을 외국인에게 준다. 국가 외교의 경우도 결국은 '대화'의 장소이고, '대화의 장소'란 결국 '의식의 구조'에 지배되는 곳이기도 하다.

　중국인의 멘쓰에 대한 생각을 단적으로 말하였다. 실제로는 많은 이민족이 뒤섞여 살면서 5천 년이란 긴 역사를 만들어 온 민족으로, 진실된 의미에서의 '중국의 멘쓰'를 이해하려면 중국에 머물러 살아보지 않고서는 어려울 것이다. 더구나 그것은 '이해'라는 '범주'에 속하는 것이 아니라, 일상적인 사귐 속에 숨어 있는 '생활감정' 그것인 것이다.
　비근한 예를 들어 보자.

첫번째 에피소드

　1990년 처음으로 중국을 방문했다. 상해의 동제대학과 서안 성도의 대학에서 산사태에 관한 강연을 하면서 북경에 도착, 청화대학에서 강연, 약 2주간에 걸친 일정을 끝내고 일본으로 돌아왔다. 마침 그 전해에 《산사태공학——이론과 실천》을 산해당(山海堂)에서 간행하였기에 선물로써 이 책을 증정했다. 북경 청화대학에서의 강연 후, 북경에 있는 모과학연구원의 고급공정사가 '이 책을 중국어로 번역해서 출판하고 싶으니, 오늘 저녁 시간을 내줄 수 없겠는가'라는 제안이 있어 오케이했다. 저녁 때 그 공정사가 출판사의 여사장을 동행하고 호텔을 찾아왔다. 자신의 20여 년에 걸친 산사태 연구의 집대성이고 보니, 그 이론이나 방법을 중국에 전해 주고 싶은 희망도 있고 하여 "인세도 필요 없다. 판권을 무료로 제공하겠다"고 그들의 제안을 받아들였다. 그런데 우리들의 상식으로는 이해할 수 없는 발언을 들은 것은 그 직후의 일이다. "일본에서는 초판에 몇 부를 출판했는가?" "3천 부." "중국에서는 도저히 그만큼의 부수를 출판할 수 없다. 보조금을 줄 수 없는가?" 아연실색할 일이다. "산해당이란 일본에서도 이름난 출판사이다. 그 판권을 더구나 인세도 없이 거저 제공하겠다는데, 거기다 보조금까지 이쪽에서 내라고 하는가" 하고 화를 참으며 대답했다. 그런데 중국인 여자 통역이 이 부분은 통역을 하지 않는다. "왜 그러시오? 중국어로 통역하시오"라고 하니, 울 것 같은 표정을 짓는다. 나중에야 안 일이지만 이러한 거절방법은 좋지 않다고 한다. 이와 같이 얼굴을 맞대고서의 거절방법은 안 된다고 한다. 이렇게 마주 보며 하는 거절방법은 상대의 멘쓰를 손상시키는 일이 된다는 것이다. '그저 들어두기만 하고, 나중에 보조금을 내주지 않으면 된다'라고 하는 것이 중국식이라고 한다. 일본의 '모나지 않게'와 비슷한 풍습이다. 하지만 중국의 '모나지 않게'란 혼네〔本音; 본심〕를 감춘 채, 우선 풍파를 일으키지 않고 일을 성사시키는 일본식 방법과는 달리, 서로의 멘쓰를 먼저 생각한다는 점에서 본질적으로 다르다고 생각된다.

두번째 에피소드

1990년 북경에 갔을 때, 모과학연구원을 방문하고 그 곳 원장과 식사를 함께 했다. 그 원장이란 분은 활달한 인품으로 도량도 큰 거물이었다. 그 사람됨에 반해서, 필자가 개발한 산사태 방지공법의 하나인 앙카공법에 관한 기술합작을 하자는 각서를 서로 교환하고 일본에 돌아왔다. 앙카공법이란 보링기계로 굴삭한 구멍에 정착체를 삽입하고 나서 지중(地中)의 안정기반중에 정착체를 고정하고, 이것과 땅 표면에 설치하는 수압판과를 잇는 강연선에다 긴장력을 줌으로써 활동하려는 토괴 또는 암괴를 억지하는 것이다. 필자가 개발한 공법은 지중에다 놓는 정착체에 특징이 있어서 일본·대만·한국·중국의 특허를 취득한 공법이다. 중국과의 합작은 이 공법에 쓰이는 정착제를 중국에서 생산하고, 그 일부를 일본에 수입함과 동시에 중국에다 그 공법을 보급하려는 것이다. 이 합작은 산사태가 많은 서안분소가 담당하기로 하고 약 1년간에 걸쳐 합작의 예비준비가 오갔다. 긴장력을 전달하는 강연선은 정착체에 고정되어야만 하고, 이 고정장치와 정착제의 크기는 보링기계의 규격과도 밀접하게 관련되어 있어, 정착체를 중국에서 생산한다 해도 우선 중국에 있는 보링기계의 규격을 확인하지 않으면 안 된다. 이러한 이유로 해서 1년간에 걸친 예비교섭의 결과, 다음해 다시금 중국으로 건너가 연구원에서 결말을 보려는 회합을 가졌다. 연구원측의 담당자로서 서안분소의 부소장과 젊은 기술자 두 사람이 참석했다. 이쪽으로서는 보링기계의 규격을 직접 확인할 필요가 있어서, 이쪽 기술자를 서안에 파견하겠다는 의견을 내놓았다. 그렇게 되면 통역자를 북경에서 데리고 갈 필요가 있고, 그 여비를 포함하여 부담이 크다는 발언이 부소장으로부터 있었다. 그 통역의 여비 및 서안에서의 숙박비는 이쪽에서 담당한다는 조건으로 부소장이 어렵사리 승낙했다. 여기까지 오는 데 오전중을 모두 보낸 것이다. 왜 그렇게 마음내켜 하지 않는가 석연치 않은 채, 남은 뒤처리의 세세한 것을 결정하는 것은 아랫사람에게 맡기고 호텔로 돌아왔다. 놀란 것은 저녁 때 부하직원으로부터 보고를 받았을 때였다. "서안에 가도 소용이 없습니다. 서안분소에는 두 대의 보링기계가 있는데, 그 두 대 모두 현장에 투입되어 있답니다' 라고 하지 않는가. 이것으로써 오전중 내내 부소장이 '주저주저'한 실태에 납득이 갔다. 두 대밖에 없는 보링기계로는 합작의 또 하나의 목적인 공법의 중국 보급은 불가능하다. 그들이 노리는 것은 중국 내에서의 공법의 보급이 아니라 일본에의 수출뿐인 것이다. 그러한 사유를 첨가하고, 먼젓번 각서를 정식으로 폐기한다는 뜻의 통고문을 영문으로 써서 연구소의 일본 담당에게 보내도록 했다. 외출했다가 오후 호텔에 돌아와 보니 전화가 불통이다. 아니 전화는 통하는데 잡음이 심해서 도저히 알아들을 수가 없다. 도청장치를 해놓은 것이다.

호텔의 당직매니저를 방으로 불러 전화상태를 확인시켰다. 저녁까지 고쳐 놓아 달라고 부탁하고 외출했다. 그

러나 외출에서 돌아와도 전화는 그대로. 먼젓번 매니저에
게 확인했더니, 방에 와서 하는 말이 "방을 바꾸어 드리
면 안 될까요?"라고 한다. 방을 바꾸고 나니 전화의 트러
블은 없어졌다. 각서의 일방적인 폐기 통고는 상대의 멘
쓰를 손상시킨 것이리라. 중국적인 멘쓰 세우는 법의 어
려움을 뼈아프게 깨닫게 해준 것이다. 이런 경우 어떤 식
으로 거절을 해야 할지 좋은 방법이 생각나지 않는다.

　일본의 NHK가 중국에서의 멘쓰를 세워 주는 법에 관
한 특별프로를 보도한 적이 있다. 사과의 역할을 대행해
주는 이야기로 처음에는 휴대전화를 팔기 위한 서비스로
시작한 사과 대행이었으나, 이것이 인기를 끌어 사과 대
행전문의 서비스업이 번창하고 있다는 이야기이다. 아침
에 어머니와 싸우고 나온 딸, 상사와 충돌한 부하, 신부감
과 예물 때문에 다툰 신랑감 등. 대리를 써서 사과하는
쪽을 좋아한다고 한다. 얼굴을 마주하고 사과하는 것이
아니므로 서로의 멘쓰를 깎는 일 없이 원만하게 수습이
되는 것이다. 일본이나 한국에서라면 오히려 역효과가 날
것이다.

3. 일본적인 생활태도

일본인은 커다란 흐름에 따라 거기에 거스르지 않고 살아감으로써 입신하고 있다. 커다란 흐름이란 오카미〔御上: 朝廷, 爲政者, 윗분〕가 명하는 것으로, 《광사원》〔廣辭苑 일본의 대표적인 국어사전〕에 의하면 오카미란 1)천황, 2)조정·정부·관청·막부, 3)군주·주인 등이라고 기재되어 있다.

요컨대 위정자를 따르고, 위정자를 비판한다는 것에는 익숙지 못한 민족이다. 큰 흐름 속의 작은 일들에 대하여는 매스컴 등에서 그런 대로 비판하긴 하지만, 그 비판의 근원이 되어 있는 '커다란 흐름' 그 자체에 대하여는 입을 열지도 않고 눈을 돌린다. 일억총탄환(一億總彈丸), 본토결전(本土決戰)이라고 그렇게도 외치며 죽창의 훈련을 쌓아 온 국민이나 그것을 독려해 온 군부나, 천황의 종전조칙 하나로 거짓말같이 잠잠해지고 말았다. 외국인의 눈으로 보면 전혀 기적이라고 할 수밖에 없다.

대동아 전쟁은 오카미가 시작한 것, 패전의 선언도 오카미가 행한 것, 남경의 대학살도 오카미의 명에 따른 것, 위안부의 문제도 오카미의 자비에 의한 것, 개인의 책임은 없다. 그것에 대하여 사과하는 것도 오카미가 해야 할 일, 천황은 오카미의 오카미, 사과해야 할 오카미는 이 경우 정부를 말한다. 개인도 지식층도 매스컴도 이러한 의식의 영역을 벗어나지 못한다. 이러한 습관 속에서 사람은 '실수 없이, 모나지 않게, 겉치레 좋게'로 세상을 살아 가면 된다. 굉장히 친절하고 정중하며 부드러워 외국인으로 하여금 깜짝 놀라게 한다. 1년이 지나고 2년이 가고, 결국 그 사귐에는 '실(實)'이 없음을 알게 된다. '타인이 싫어하는 일을 해서는 안 된다' · '타인이 보이고 싶어하지 않는 것을 보아서는 안 된다' 하는 생활에 익숙해지려면, 그리고 그러한 생활 속에서 서로 정이 통하는 결실을 맺기까지는 수십 년이 걸릴 것이다. 서로의 사귐은 어디까지나 겉치레만 좋으면 된다.

루스 베니딕트는 그의 저서 《국화와 칼》에서 일본의 문화를 '수치의 문화'라고 정의했다. 확실히 명언이다. 그리고 여기에는 '내륜(內輪)끼리만의'라는 한정사를 함께 붙일 필요가 있을 것이다. 알지도 못하는 타인에게 '수치'는 통용되지 않는다. 아시아 제국에서의 일본인의 매춘행위는 눈뜨고는 볼 수 없다.

5스타급의 호텔에서 손녀딸 같은 매춘부를 데리고 부끄러운 기색도 없이 대낮에 당당히 활보한다. 일본 국내에서는 '수치'가 되지만, 외국에서는 '수치'가 되지 않는다. '여행에서의 수치는 수치에 들지 않는다'라는 속담 바로 그대로이다.

대동아 전쟁을 치르는 동안 일본은 많은 '수치'를 외국에다 드러냈다. 그 나라를 짓밟고, 그 나라의 언어를 말살하고, 용서받을 수 없는 포학한 짓을 거듭했다. 그리고 종전 후 반세기. 아직도 그것을 공적으로 사죄하지 않고 있다. 한국이나 중국 · 동남아시아 사람들이 일본에 대해 품

고 있는 불신감은 실은 여기에 뿌리를 두고 있는 것이라
고 할 수 있으리라. 우선 침략했다는 원죄를 인정하고, 그
것에 대하여 공식적으로 사과하며, 모든 것을 그곳에서부
터 새롭게 출발하여야 할 것이라고 생각한다.

　일본이 기도(企圖)하고 있는 것은 체형(體刑)을 받는 것
을 피해서 속죄(贖罪)로 때우려 하고 있다고, 속죄란 체형
을 받는 대신 재물을 바쳐서 죄과를 용서받으려는 것이
라고 《광사원》에 나와 있다. 일본이 전후 처리로서 해온
짓은 바로 이것으로서, 받는 쪽으로 보면 살기 어려우므
로 경제원조라는 재물은 받아들일지라도, 그 이면에 숨어
있는 일본의 교활함을 알아차리기 때문에 마음을 열지는
않는다.
　지금의 80대의 일본인이나 일본의 정치가는 과거의 침
략을 침략으로 의식하지 않고, 점령의 과정을 자신들의
'영광'으로 의식하고, 또는 식민지화정책의 과정에서 행
한 철도와 도로, 공장의 시설, 기타의 사업을 그 나라에게
준 '은혜'라고 생각하고 있다는 것이 거짓 없는 본심일
것이다. '열심히 해주었는데 이러쿵저러쿵 말 들을 것은
없다'라는 본심을 숨기고, 그것에 대한 반발을 겁내서 말
끝을 흐리지만, 때로는 자기도 모르게 본심이 튀어나온다.
최근 수년간 각료급의 이런 종류의 발언과 사죄가 때때
로 반복된 것도 80대 정치가의 영향을 받아 정계입문한
사람들의, 선배의 본심의 대변 또는 본인의 본심일 것이
다. 그것들은 '실언이 아니고, 스스로 지은 죄를 스스로

짊어진다는 습관 또는 의식이 결여되어 있다'라는 오카
미주의[御上主義]인 일본적 발상의 원점에서 온 것이라고
밖에 생각할 수 없다.
　'사죄 없이 참된 우호의 구축은 있을 수 없다'인 것이다.

4. 어느 에피소드

　5,6년 전 사용(社用)으로 중국의 북경을 방문해서, 어떤
연회석상에서 다음과 같은 화제를 제공했다.
　'방위를 부르는 방법으로 중국에서는 동남서북, 한국이
나 일본에서는 동서남북, 구미에서는 북남동서 또는 북남
서동의 순이다. 왜 그럴까?' 라는 것이 그때 제공된 화제
였다.
　여러 가지 의견이 나왔지만, 필자의 해석은
　'중국은 다민족국가로 타민족과 사이좋게 살아가야 한
다. 동에서 출발해서 원탁을 돌 듯이 시계 방향으로 돈다.
한편 일본이나 한국은 토지가 좁고, 태풍이나 그밖의 자
연재해를 입는 일이 많아서 이웃과의 사귐을 중요시하지
않으면, 만일의 경우에 아무 도움도 받지 못하게 된다. 거
기다 무슨 일이나 상전이 있어야 되는 법, 연좌해서 상전
에게 배알하고 자비를 구하지 않으면 안 된다. 우리 나라
의 임금 또는 일본의 천황이나 장군, 또는 대명[大名: 廣

域에 걸친 支配領域을 가진 領主)은 남쪽을 보고 앉게 되어 있으니, 백성은 북쪽을 보고 남쪽에 앉아, 즉 남쪽에서 북쪽을 보고 배알하고 말씀드리는 형국이 된다. 구미에서는 신 앞에서는 모두가 평등, 종축을 중심으로 옆으로 나란히, 즉 십자를 긋는 순서가 된다.'

너무나 단정적인 견해이긴 하지만 어느 정도 실체의 요점을 꿰뚫은 해석이라고 생각된다. 제2장에서 말한 중국인의 멘쓰나, 제3장에서 서술한 일본인의 사는 법을 교묘하게 찔러서 말한 듯 생각된다.

자, 그러면 서로의 멘쓰를 중요시하는 중국인과, 혹은 이치따지기를 좋아하는 한국인과, '실수 없이, 모나지 않게 겉치레만 좋게' 끝내고 싶은 일본인이 한 대화의 테이블에 앉게 될 때, 대화는 어떻게 진행될 것인가. 중국이나 한국측은 일본에의 불신감을 지닌 채로, 일본은 일본 나름대로의 체면을 지킨다는 마음으로 손장단을 맞추게 될 것이다. 뿌리 깊게 남아 있는 불신감과 잘 꾸며진 체면은 결국 그때뿐인 것이고, 언젠가는 일본이 공식적으로 마음으로부터의 사과를 하지 않는 한 참된 우호는 싹트지 않을 것이다. 혼네〔本音: 본심〕와 다데마에〔建前: 겉차림〕를 나누어 쓰는 것은 외국인에게는 통하지 않는다. 여기서의 다데마에란 표면상의 방침이고, 혼네란 표면상의 방침을 제거한 진실한 마음이라고 《광사원》에는 나와 있다. 어디까지가 본심이고, 어디까지가 겉차림인지 외국인에게는 알 수가 없다. 말하자면 하라게이〔腹藝: 뚝심이나 경험으

로 일을 처리하는 것)의 세계이다. 하라게이란 언어나 이치에 따르지 않고 도량이나 경험으로 사물을 처리하는 것. 외국인에게는 도저히 무리한 이야기이다. 일본의 경우 어떤 기획이나 품의사항이 있을 때 갑자기 들고 나와서는 통과되지 않는다. 사전에 네마와시〔根回し; 뿌리가꿈〕하는 것을 결코 잊지 않는다. 뿌리가꿈이란 큰 나무를 옮겨 심을 때, 그 1,2년 전에 그 주위를 파고 측근의 큰 것과 주근을 남기고, 그외의 뿌리를 다 자른 다음 뿌리털을 발생시켜 이식을 쉽게 하는 것. 비유해서 말하자면, 어떤 일을 실현시키기 쉽도록 미리미리 주위의 각 방면에 말을 건네두는 것이라고 《광사원》은 해설하고 있다. 회의석상이나 품의서에 내놓게 되는 안건은, 그것을 토의하기 이전에 이미 뿌리 주변의 정리가 끝나 있고 가결되는 것이 확실치 않으면 안 된다. 혼네와 다데마에는 이 뿌리 정리과정에서 다듬어져서 분류된다. 외부에서는 알 길이 없다.

역사·사회 교과서의 인정(認定) 때마다 매번 문부성과 집필자 사이에 분쟁이 일어난다. 그럴 때마다 미묘한 표현수정으로 눈속임해 왔다. 언젠가는 과거의 침략을 영광이라 생각하고, 약탈을 은혜라고 생각하는 세대가 없어질 것이다. 그때를 기다려서 역사를 다시 쓰든가, 그들의 생존중에 그들의 참회를 포함해서 사죄하든가, 일본에 있어서의 커다란 전기의 과제라 할 수 있을 것이다. 속죄가 아닌 똑바른 사죄를 거쳐서 새로운 신뢰를 세울 수 있기

를, 일본에 유학하고 일본에 머물러 살고 있는 선의의 한
외국인으로서 마음으로부터 바라 마지않는다.

이것과 관련해서 필자가 가지고 있는 또 하나의 의문에
대하여 짚고 넘어가고자 한다. 중국 잔류 일본인 고아의
문제. 그토록 격렬한 전쟁을 치른 중국에 그렇게 많은 수
의 일본인 고아가 있었다는 것은 일본인으로서 크게 놀
라야 마땅한 일이다. 많은 한을 품고 있었음에 틀림없는
중국인이 그렇게 많은 일본인 고아를 보살펴 온 것이다.

야마사키 도요코〔山崎豊子〕가 쓴 《대지의 아들》에는 일
본인이기 때문에 박해를 받는 주인공이 그려져 있는데.
그리고 그것이 어느 정도의 신빙성을 가지고 있는지는
정확치 않지만, 중국인의 손으로 키워져 성인이 된 그만
큼의 수의 일본인 고아가 있다는 것은, 역시 다민족국가
로서 많은 민족과 몸 비비며 살아온 한민족(漢民族)이 얼
마나 통이 큰가를 보여 주는 것이라 생각된다. '그러한
일은 한국이나 일본에서는 상상조차 할 수 없는' 일로 생
각된다. 그러나 이러한 종류의 코멘트는 차츰 잦아지는
고아의 귀향 때나 어쩌다 들리는, 고아가 된 연유의 보도
에도 불구하고 일본인에게서는 한번도 들은 적이 없다.
옛 상처를 건드리고 싶지 않을 것이다.

중국을 잠자는 사자라고 한다. 전후 반세기 동안이나
중국은 일종의 쇄국의 상태에 있었다. 자연과학 분야에서

는 모든 실험·연구를 자력만으로 하는 상황이다. 모든 것을 기초실험부터 시작할 수밖에 없었다. 하늘을 나는 비행기를 만드는 능력은 가지고 있다. 하늘을 날기만 하면 되었고, 쾌적함은 다음 일인 것이다. 하늘을 날기만 하면 된다. 모든 분야에서 이러한 기초실험을 반세기에 걸쳐 행하여 왔다. 시장경제로 옮겨가고 있고, 지금 현재는 학자와 연구자의 책상 속에 잠자고 있는 그들 데이터가 언젠가는 밖으로 나오게 될 것이고, 그것이 나오기 시작하면 일본이나 한국에서는 일찍이 해본 적이 없는, 어쩌면 하려고조차 생각 못했던 기초실험·기초연구가 빛을 발하게 될 것이다. '값싼 인건비와 누적된 기초자료가 결합할 때, 그 저력은 무서운 것이 될 것이다'라고 하는 것이 중국을 방문하는 많은 지식인들이 갖는 일치된 인상인 것이다. 일본에서 공부하고 일본에 머물러 살고 있는 사람으로서 일본에 애착을 갖는 것은 당연하지만, 아니 그렇기 때문에 더욱 한일(韓日)·중일(中日)간의 참된 우호의 개막이 하루라도 빨라지기를 바라는 마음으로 감히 다음과 같은 고언을 드리며 이 절을 마치고자 한다.

일본은 아시아에 있어서의 고아이다. 속죄를 통해 죄를 용서받는다는 마음으로, 원죄를 인정하지 않는 한 의례적이고 공허한 인사의 말이 돌아올 뿐이라는 것을 이해하고 싶어하지 않는 불쌍한 민족이다. 민방(民放) 등에서 잘난 척하며 떠들어대는 사이비 평론가를 두고 보는 것도 일본적인 것이며, 그 책임을 누가 지려 하는 것인가. 여기에도 일본적인 무사안일주의가 엿보인다.

'일본인은 한국인에게 있어 증오의 대상이든가 봉일 수밖에 없다'라고 생각하는 지식인이 일본에는 많다. 요는 마음을 터놓지 못하기 때문에 원죄를 시치미떼고 속여넘기려는 일본의 정치가에의 불신에서 오는 것이다. 여기에 대해서는 김시종(金時鐘)의 《풀숲의 계절》 가운데 〈'통석(痛惜)의 염(念)'을 가로막는 벽(壁)——노태우 대통령의 방일(訪日)을 둘러싸고〉의 일절(一節)에서 발췌하여 인용한다.

노대통령은 천황의 말씀이라는 '애석한 마음을 금할 수 없습니다'를 받아들고, 사죄라고는 볼 수 없다는 한국 유력지의 공통된 논조에 대하여는, 각의에서 '과거의 문제로부터 오는 한일우호협력관계의 장애를 제거하고 미래지향적인 관계를 여는 계기가 이루어졌다'고 허리를 굽히고, 천황의 말씀인 '애석한 마음'에 관해서도 '가슴 아프게 후회한다는 말의 의미에 이론의 여지가 없다'라고까지 확언하고 있다. 1984년 9월에 방일한 전두환 대통령은 유감이라는 소화천황(昭和天皇)의 '말씀'을 '사죄'의 뜻으로 받아들여, 일제 36년의 식민지통치의 역사를 청산하고 '한일신시대'에 들어섰다고 소리 높여 선전하였다. '한일신시대'를 소리 높이 외치자마자 '유감'의 뜻을 명심하고 있어야 할 수상 나카소네〔中曾根康弘〕 씨는 우선 야스구니〔靖國神社〕 신사참배를 공공연히 공식화하였으며, 지문날인을 거부한 재일 한국인을 체포하기로 결단 내린 것도 바로 이 시기였다. 그렇게 말한다면 확실히 '유감'의 뜻만으로는 '미래 지향적인 관계를 여는 계기'와는 너무나 거리가 멀었다고 할 수밖에 없다. 그렇기 때문에 한층 노태우 대통령의 방일을 보는 관점들이 다시금 '천황의 말씀'에 쏠리기도 했으리라. 그 점에 한해서라면 '통절한 마음'이 가진 의미는 처음부터 치워 버린 것이 되었다고도 할 수 있다.

정부측 주도로 작성된 '말씀'을 '천황의 말씀'으로 바꿔친 것도 이해할 수 없는 일이지만, '상징천황'이란 그렇게까지 정권의 의향을 대변할 뿐인 무성격 무정견의 존재인 것인가. 김씨는 의문을 던진다.

'통석의 염'도 그렇고 '유감'도 그렇고 입으로만 속죄를 함으로써 끝내 버리려는 것이지, '사죄'할 생각은 전혀 없다고밖에 볼 수 없다.

5. 사물을 보는 법에 대하여

일본의 《아사히 신문》의 논설주간이었던 류 신타로〔笠信太郎〕 씨는, 구라파로부터의 이야기 선물로 1957년에 〈사물을 보는 법〉이란 평론을 가도카와 서점에서 발행했다. 필자의 손에 있는 것은 1976년 발행한 신판 33판의 가도카와 문고〔角川文庫〕이다. 필자가 47세 때의 것이다. 실로 신선한 감동을 받은 기억이 지금까지도 선명하여, 이상 서술한 것을 류 신타로 식으로 말하면 어떻게 될 것인가 하고 책꽂이에서 류 신타로의 책을 꺼내 다시 읽어본다.

류 신타로 씨는

영 국 인 걸으면서 생각한다.
독 일 인 생각한 다음에 달린다.
프랑스인 달려나간 다음에 생각한다.

라고 평하고 있고, 그 근거를 여러 가지 사례를 통해서 알기 쉽게 해설하고 있다.

류 신타로 식으로 비꼬아 한국인·일본인·중국인을 평한다면,

한 국 인 우선 일의 시비를 따지고, 그 다음에 억지로 일을 뚜드려맞춘다.
일 본 인 '구렁이 담 넘어가듯' 일을 처리한다.
중 국 인 의론보다는 멘쓰를 중요시하여, 결과적으로 제삼자를 통해서 일을 진행시킨다.

라고 하겠다. 다소의 어폐는 있으나, 서(序)의 1~4에서 서술한 것의 요약적 표현이 될 것이다.

'구렁이 담 넘어가듯이'란 한국에서 흔히 쓰이는 속담으로, 구렁이가 벽에 붙어서 움직이지 않는 듯 보이면서 어느 새 벽을 넘어가듯 하는 일 처리법에의 비난의 말로 비유되어 쓰이고 있다. 즉 타인의 눈을 속여 불분명하게 일을 진행시킬 때 쓰인다. 이것 역시 어폐가 있긴 하겠지만, 전체적으로 서의 1~4에서 말한 것의 요약적 표현이 될 수도 있지 않을까 한다.

여기에서 친절에 대하여 잠시 생각해 보기로 한다. 일반적으로 일본 사람은 친절하고, 한국이나 중국 사람은 일본적 감각으로 보면 무척 무뚝뚝하고 거기에 익숙해지기까지는 화가 나기도 한다.

그건 그렇고 이번에는 미국류의 친절에 대하여 이야기해 보기로 한다. 약 20년 전 문헌 등을 통해서 알고 있었던 미국의 연구소와 대학을 둘러보았다. 전화로 면회를 신청해도 쉽게 응해 주지 않는다. 요건과 취지, 소요 시간, 일정, 숙박소, 왕복의 항공편 등 세세한 점에 대하여까지 물어온 다음, 면회의 약속이 성립된다. 시애틀의 철도연구소는 일찍부터 산사태에 관한 앙케트를 모아 공표하고 있다. 질문해야 할 사항이 세 가지 있어서 연구소를 찾았다. 해외 담당의 책임자가 우선 면회하고 질문사항을 재확인한 후, 그 최초의 면접자에게 안내해 주었다. 비서가 붙어 있는 개실(個室)로 시니어 엔지니어(senior engi-neer)가 대응해 주었다. 이야기중에 질문에 관련해서 생각난 질의사항을 던지면, 그것이 자신의 전문에 관한 한

즉석에서 대답을 해주고 바로 비서에게 관련문서의 복사를 지시한다. 자신의 전문이 아니면 "전문이 다르다"라고 일체의 코멘트를 거절한다. 일본의 경우라면 무언가 관련 사항에 대하여 코멘트를 해줄 텐데 서슴지 않고 거절을 당해서 미국 사람은 불친절하구나 하고 속으로 생각했다. 그 사람과의 대화가 일단 끝나자 "이번에는 어디로 가는가" 하고 묻는다. "덴버"라고 대답하자, "그렇다면 먼저 질문에 대한 전문가가 지질연구소의 ○○에 있다. 그 사람을 소개할 테니 만나보면 좋을 것이다"라고 친절히 가르쳐 준다. 첫번째 면회가 끝나자, 그가 두번째 면회자의 방까지 안내해 주었다. 세번째 사람과의 면담 중 처음 만난 해외 담당자가 와서 "말씀 나누시는데 죄송하지만, 이대로 간다면 당신의 항공편 시간에 맞추기 힘들 것이다. 만일 괜찮으시다면 내 아랫사람을 당신이 숙박하고 있는 호텔에 보내서 당신의 짐을 가져오게 하는 것이 좋겠다.' 괜찮고 뭐고 있을 리가 없다. 너무나 놀랐다. 용건을 모두 끝내고 현관에 나와 보니 면회중에 부탁했던 모든 문헌의 복사가 준비되어 있었고, 택시가 내 짐을 싣고 대기하고 있는 것이 아닌가.

면접중에는 일체의 전화를 연결시키지 않고, "지금 Dr. Shin과 면회중입니다"라고 거절한다. 30분의 예정시간 동안 불필요한 말은 전혀 않고 항공편에 맞도록 수배까지 해준다. "연구를 하려면 역시 미국이구나" 하고 미국적 친절에 깊은 감명을 받았다. 휴스턴의 슈란베루쟈 연구소를 방문한 후 덴버의 지질연구소를 방문했다. 메인빌딩

앞에서 택시를 내려 로비의 안내원에게 면회 약속의 연결을 부탁했다. "자동차를 가지고 왔는가"라고 묻는다. "택시로 왔다"고 하니, "걸어서 갈 수 있는 거리는 아니다"라고 하며 먼 곳을 손으로 가리킨다. 보이는 것은 지평선뿐. 말하자면 같은 지질연구소라도 부서에 따라 제법 먼 곳에 있어서 캠퍼스의 넓음에 깜짝 놀랐다. "잠깐 기다리세요" 하곤 안내원이 택시를 불러 준다. 찾아간 곳은 전기탐사 연구실로, 전화회선으로 현장 데이터가 보내져 오면 즉시 컴퓨터로 해석해서 해석 결과를 전화회선으로 다시 돌려보내는 시스템으로 되어 있다.

"당신은 전기탐사법에 조예가 깊은 듯한데 당신이 해석한 것 중 가장 힘들었던 문제를 말해 보라" 한다. 비저항층 중에 극단으로 낮은 비저항층이 끼여 있는 경우 일반의 표준곡선법으로는 해석 오차가 크므로 그런 종류의 예를 들어 보였다. 그 즉시 해답이 되돌아온다. 다시 한 번 놀랐다. '미국은 대단하구나.' 그 높은 연구 레벨에 경탄했다. "자 그러면 일부러 일본에서부터 왔으니 프로그램의 복사본을 가져가실 선물로 드리겠다." 선물까지 받아 가지고 돌아왔다. 뿐만 아니라 그 실장이 자기 차로 호텔까지 태워다 주었다.

살갑고 부드럽게 대해 주는 친절은 그것대로 고마운 일이지만, 미국의 이와 같은 친절이야말로 정말로 뜻이 있는 친절이 아닐까 하고, 공연히 시간을 낭비하는 일본적인 연구자에 비해서 마음으로부터 감탄을 금치 못했다.

'곳〔장소〕이 바뀌면 문물도 바뀐다"라는 일본의 속담이
있지만, 친절에도 이런 차이가 있으니 좁은 소견으로 세
상을 보아서는 안 되겠다고 뼈에 사무치게 깨달았다.

제 1 편
터무니없는 한국 사람

1

우쭐하는 한국 사람

1. 대만에서

1989년 대만 국립대학 창립 1백주년 기념행사의 일환
으로 대만 국립대학에 초빙을 받아 산사태공학에 관한
특별강연을 하였다. 연재는 때마침 《산사태공학——이론
과 실천》을 일본 산해당에서 출간키로 준비중이라, 그 요
점을 간추린 약 네 시간에 걸친 강연이었다.

다소 여담이 되겠으나 일본에서 산사태등방지법(山沙汰
等方止法)이 제정된 것이 1963년. 그 이후 산사태 방지를
위한 공공사업이 본격적으로 진행되었다. 공공사업으로서
의 사업을 전개하는 한, 통일된 정부 기술기준이 필요하
다. 다만 그 당시 산사태에 대한 개념규정이 불분명하고,
사업을 담당하는 정부 부국간에 통일이 되어 있지 않아

건설성 하천국, 농림성 구조개선국, 농림성 임야청 사이에서도 큰 차이가 있어서, 도저히 통일 기술기준이라고는 말할 수 없는 상태였다.

한 마디로 산사태라 해도, 급경사 사면이 파괴되는 애붕괴(崖崩壞), 강우의 침투에 따라 사면이 무너지는 붕괴, 지중의 불연속면을 활동면으로 해서 산 전체가 움직이는 산체활동 등, 그의 발생기구가 각기 다르다. 1963년 일본에서 제정된 산사태등방지법은 후자, 즉 산체활동과 버력더미[탄광에서 탄을 고르고 남은 것을 쌓아 놓은 돌더미]의 붕괴를 대상으로 하는 법 처치이다. 1973년에 하천국 사방과, 임야청 치산과, 구조개선국 자원과가 협동해서 작성한 〈일본의 산사태──전국산사태위험개소 일람표〉에 따르면, 위험개소수 10,207곳, 면적으로는 378,029헥타르(ha), 전국 토지 면적의 1.0퍼센트에 해당한다.

여담은 이쯤 해두고 본제로 돌아간다. 필자가 대만에 초빙된 것이 1989년. 1963년 산사태등방지법이 제정되고 나서 이미 26년이 경과했고, 정부의 기술기준도 점차 개정 정비되어 1970년에 발족한 일본의 산사태학회를 통한 연구발표 등 대학연구소, 컨설턴트회사의 연구, 실천의 성과가 산사태의 실태를 점차 밝혀 주고 있던 무렵인 것이다. 마침 그런 때 일본대표로 대만대학에서 산사태에 관한 특별강연을 한다는 것은, 한국 사람으로서 떳떳하기도 하고 자랑스럽기도 하였다.

　문제는 강연을 마친 후의 사건이다. 대학총장을 비롯한 여러 인사들과의 만찬회를 끝내고 2차로 고급클럽에 갔을 때의 일이다. 그때 필자 앞에 앉았던 여급이 "어느 나라 분이세요?" 하고 묻기에 "한국" 했더니, 그냥 벌떡 일어서서 "전 한국분 싫어요" 하며 자리를 박차고 나가는 것이 아닌가. 예의바르게, 그것도 주빈자리에 앉은 손님에게 하는 무례한 태도에 어처구니가 없기도 했지만, 무엇보다 창피하기도 하고 동석한 분들 보기 민망하기도 하여 몸둘 바를 몰랐다.

　손님 접대로 돈을 벌고 있는 아가씨에게 이처럼 혐오감을 갖게 한 것은 다름 아닌 한국 사람일 터이니, 그 아가씨를 나무라기 전에 언젠가 그 클럽을 다녀간 한국 사람이 했을 짓들이 부끄럽기도 하고 원망스럽기까지 했다. '우쭐대는 한국 사람. 뻐기기만 하는 한국 사람.' 이런 인상은 대만을 포함한 동남아시아에서 더욱 짙은 듯하다. 나라 경기가 조금 좋아졌다 해서 남의 나라를 깔보고 우쭐대며, 또한 자신의 행동이 개인이 아닌 '한국'이란 나라를 대표한다는 국제감각의 결여가 이런 종류의 수치를 외국인 앞에 드러내게 하는 것이다. 현재 한국에 닥친 IMF 위기를 그것 보란 듯이, 특히 고소하게 생각하는 것은 다름 아닌 동남아시아 여러 나라들에서 더욱 현저할 것이다.

2. 김포공항에서

요사이 공항에서는 흡연실 이외에서는 금연으로 되어 있다. 여기에서 하려는 이야기는 금연이 지금만큼 철저하지 않던 때의 일이다.

필자는 자랑할 것은 못 되나 해비 스모커로 항상 담배를 입에 물고 있다. 모처럼 고국에 왔다가 동경으로 돌아가는 탑승수속중 카운터에서의 트러블이다. 접수받는 아가씨가 "담배 끄세요" 한다. 주위를 둘러보아도 '금연'이라는 표시가 없기에, '금연' 표시가 없다고 했더니 "그럼 피우세요" 한다. 흡연권을 주장하려는 것이 아니라, 우리나라에서는 어떤 자리에나 앉으면 무슨 벼슬을 한 듯 착각하는 경향을 지적하고 싶은 것뿐이다. 탑승객은 손님이고, 카운터의 아가씨는 서비스를 제공하는 입장에 있는 것이다. 서비스라 함은 받는 손님 쪽에서 불편을 느끼지 않도록 배려하는 것일 텐데, 손님은 둘째이고 자기의 편리만이 앞설 때 그것은 이미 서비스가 아닌 것이다. '카운터에서의 접수 아가씨'도 이미 하나의 직권이고, 누구나 할 수 있는 것은 아니다. 그런 의식이 "담배를 끄세요" 하는 자기 나름대로의 직권 남용으로 이어지는 것이다. 이런 경향은 공항 카운터에 국한된 것이 아니고, 일류라고 하는 호텔의 카운터에서도 흔히 볼 수 있는 현상이다.

이왕 말이 나온 김에 공항에서의 에피소드를 하나 더 소개한다. 서울에서 북경으로 가는 JAL 일등석을 예약하고 체크인 하려는데, 접수하는 아가씨가 "좌석을 ○○으로 변경합니다" 한다. 그때 옆에 있던 일본인 남자 직원이 "죄송합니다. 사정이 있어서 부탁드리는 것입니다" 하고 덧붙인다. 아가씨의 말은 명령, 남자 직원의 말은 부탁. 작은 차이이긴 하나 손님을 우선으로 한다는 서비스 정신에는 커다란 차이가 있으며, 불쾌감을 주느냐 아니냐가 말 한 마디에 달려 있는 것이다. '말 한 마디로 천냥 빚을 갚는다'는 속담도 있는데, 그 아가씨는 집안에 어른도 안 계시단 말인가. 시집가서 어떻게 살아가겠다는 것인지. 자기가 법인 양 하는 태도는 남녀를 불문하고, 우리 나라 국민의 최대 악습인 것이다.

3. 호텔에서

서울에 있는 특급호텔에 체크인 하고, 때마침 여름이라 땀을 씻으려고 샤워기를 틀었더니 더운물이 나오지 않는다. 룸서비스를 불러 사정을 이야기했더니, "네, 알았습니다. 곧 고쳐 드리겠습니다" 하고 방을 나간다. 10분이 지나고 20분이 지나도 더운물은 나오지 않는다. 도대체 일류호텔에서 더운물이 나오지 않는다는 것은 세계 어느 나라에서도 있을 수 없는 일. 전화기를 다시 들고 매니저를 불러 물으니, 실은 보일러가 고장이라 한다. 그렇다면 처음부터 그렇게 말했어야 하는 것이 아닌가. 원칙대로라면 보일러가 고장인 경우는 손님을 받지 말거나, 받은 후의 사고라면 "보일러가 고장이어서 불편을 끼치고 있습니다. ○○시 ○○분까지는 복구될 예정이오니 양해해 주시면 고맙겠습니다"라는 메시지가 방에 있어야 하는 것이 아닌가. 담당매니저에게 부탁하여 다른 호텔로 옮겼다. 룸서비스의 "네, 알았습니다. 곧 고쳐 드리겠습니다"란 무엇을 뜻한 것이었는지 지금도 알 수 없다. 아마도 영원히 풀리지 않는 수수께끼일 게다. 호텔의 총매니저는 종업원에게 어떤 서비스를 교육하고 있는 것일까. 아마도 어쩌면 팁을 바라고 있기 때문인지도 모른다. 궁금하다기보다도 한심한 노릇이다.

영원히 풀지 못한 수수께끼라고는 했지만 생각해 보면 아마도 룸서비스도 일종의 벼슬자리〔특권〕일 테고, 나오지 않는 더운물을 나오게 해준다는 것이니 당연히 팁을 주어야 할 일, 팁도 건네 주지 않았으니 '그 손님 이렇다 저렇다 말이 많아. 나도 먹고 살아야 하지 않겠어' 하며 중얼댔을 것이다. 총매니저란 큰 벼슬자리일 테고, 룸서비스나 보일러공의 모가지쯤은 언제나 자를 수 있는 절대권력자이니 '떡고물도 없는데 신경 쓸 필요가 도대체 어디 있어…' 하며 투덜거리는 소리가 들리는 듯하다. 손님은 비싼 숙박비에다 15퍼센트의 룸서비스 요금을 지불하고 있는데도 말이다.

　내부에서의 벼슬자리와 외부에 대한 자기의 위치를 분간 못하고, 윗자리에 앉은 사람일수록 특권의식이 강하니 뇌물은 필수품인 듯 느껴진다. 꼴보기 싫으니 나는 한국 사람과 상종 않으며 살 궁리를 해야 한다는 말인가.

　덧붙여서 한 마디 더 한다면, 미국에서는 만사에 팁이 필요하다. 택시나 바에서는 15퍼센트, 레스토랑은 10퍼센트, 호텔의 베개 밑에 몇 푼, 짐을 옮겨 주는 보이에게 몇 푼, 만사에 팁이 붙어다닌다. 하지만 그들에게는 원래 고정수입이 없는 것이다. 즉 청구서의 금액에는 처음부터 서비스료가 포함되어 있지 않다. 우리 나라나 일본에서 팁을 준다는 것은 이중으로 서비스료를 지불하는 것이 된다. 미국에서는 자기가 제공한 서비스에 대한 팁으로 생계를 유지해야 하므로 당연히 서비스 위주로 공손하게, 손님 마음에 들게 정성껏 서비스를 한다. 어쩌다 우리도선 이해할 수 없는 일로, 팁을 주고 나서 호텔 창 밖을 내다보니 조금 전에 팁을 받아간 남자가 자가용을 몰고 돌아가는 것을 보며 자동차를 가지고 있지 않는 자신과 비교하여, 자가용을 가진 사람에게 팁을 준 것에 대해 위화감을 느낄 수도 있을 것이다. 그러나 팁이란 개념이 우리 나라와 미국과는 전혀 다른 것이다. 미국 호텔에서 자동판매기로 우표나 담배를 사면 거스름돈이 모자란다. 그 기계도 보수관리의 필요상 팁을 받는 것이다. 프런트에다 거스름돈이 모자란다고 하니, '판매기도 팁이 필요합니다' 라는 대답이다. 어찌 되나 보자고 우편국의 자동 우표 판매기를 사용해 보았더니 팁은 받지 않았다. 그 대신 거스름돈이 아니고 전액이 우표로 나왔다.

4. 혼란스런 한글쓰기

필자는 1951년 대학 3학년 때 일본으로 건너갔다. 필자의 세대는 일제시대에 일본어 상용의 교육을 받았기 때문에 일본어 쓰기·읽기에 불편이 없었다.

일본에 살면서 일본에서 쓰이는 한자읽기가 너무나 제멋대로이고, 원칙이 없는 혼돈한 세계인 듯 생각되어 나 나름대로의 비판을 키우며 살아왔다.

예컨대 찬합을 쥬바고〔重箱〕라고 읽는데 '쥬' 는 한음(漢音)이요, '바고' 는 상자를 뜻하는 훈음(訓音)이다. 훈이란 원래 한자의 의미를 나타내는 것이다. 위를 한음, 아래를 훈음으로 읽는 한훈(漢訓)읽기를 '쥬바고 요미〔讀み; 읽기〕' 라고 한다. 한편 장국주전자를 유토〔湯桶〕라고 위를 훈음, 아래를 한음으로 읽으며, 이와 같은 훈한읽기를 '유토 요미〔讀み; 읽기〕' 라고 한다. 필자의 의견으론 한자는 한음으로 읽는 것이 올바른 것. 한훈읽기·훈한읽기는 너무나 멋대로가 아닌가 생각했다. 그렇다면 한한(漢漢)읽

기·훈훈(訓訓)읽기는 무엇이라 해야 하는가. 일본 사람에게 물어봐도, 문헌을 찾아봐도 알 수가 없다. 옳지. 일본 사람은 절조가 없구나 하는 생각에서 한한읽기가 정통이니 '세이토〔正統〕읽기, 훈훈읽기는 뒤에 숨어 있어야 할 뜻이 앞으로 나왔으니 뒤집은 상태, 즉 '우라오모테〔裏表〕읽기라고 내 식으로 명명하였다. 요컨대 같은 한자를 어떤 때는 한음, 어떤 때는 훈음으로 읽는 일본식 편의법이 원칙이 없는 납득할 수 없는 얄미운 짓이라고 생각해 왔다.

일본에 50년 가까이 살다가 서울에 나와 텔레비전을 보면서 '이것 참, 조국에 돌아왔는데 도대체 아나운서의 말을 이해할 수 없으니, 나도 이젠 한국에서 이방인 다 됐나 보네' 하며 탄식하게 된다. '철새'가 어떠니저떠니 하며 바른 한글 고유어를 쓰기에 '이렇게 쓰면 됐구나' 했더니, 뒤이어 한음으로 '동계 올림픽'의 소개가 나오는데 도대체 '동계'가 뭐란 말인가, 어리둥절. '오! 冬季'로구나, 하고 겨우 의미를 알 수 있었다. 겨울을 의미하는 한글이 있고 계(季)에 해당하는 한글이 있으니, 한음이 아닌 한글로 말하여 '겨울철 올림픽대회'라 하면 될 것을, 하고 생각하면서 '터무니없는 한글쓰기'란 메모 노트를 하나 마련하여 귀에 거슬리는 말들을 적어 보기로 했다. '한자를 가르치지도 않으면서 한음을 그대로 읽으니, 그야말로 '터무니없는 엉터리'가 아닌가 하는 인상을 받아, 분노조차 느끼며 노트에 메모한 몇 가지의 예를 아래어 적어 보겠다.

1) 고유 우리말과 한어(漢語)
   철새. 앞당기다. 쓰임새. 사재기
   은행털이. 큰 폭으로 올라 } 고유 우리말

   정체 → 차밀림
   역부족(力不足) → 힘부족

   장사진
   허점 } 한어

2) 외래어 표기법
   필름 → 휠림
   뷔페 → 뷰훼
   멀티필터 → 멀티휠터
   셀프 서비스 → 셀흐 서비스
   휴대폰 → 휴대혼
   플라이어스(Flier's) → 훌라이어스

   지하철을 타고 앉아 있으니 앞에 서 있는 여학생들의 대화가 들려온다. "얘, 태풍이 올라온대나 봐" 하고 한 여학생. "올라온다고 하면 남들이 웃어. 북상한다고 말해야 돼" 하고 다른 여학생. '북상? 옳지, 北上이구나.' '북상한다'란 방송용어도, 우리 나라의 경우 태풍은 남쪽으로부터 북쪽으로 올라오므로 '태풍이 올라온대'는 잘못된 것이 아니다. '북상'이란 한자도 모르면서 아나운서가 말하는 '북상'이 바르다고 생각하는 경향은 어디로부터 온 것인가. 아마도 방송언어가 조장해 온 것이 아닌가 하여 한심해진다.

한자는 일본이나 우리 나라나 외래어이고, 외래어를 도입하는 과정에서 본래의 말과의 마찰이 있었을 것이다.

금년 정월에 서울에 다니러 나왔다가, 서울고 동문 동기인 강신항(姜信沆) 박사가 세종상을 받았다는 소식을 들었다. 세종대왕이라면 한글을 만들어 내신 이조의 명군으로, 그 이름을 붙인 상이라면 국문학 최고의 상인 것이다. 그것을 축하해 주기 위해 몇 사람이 모여 오찬회를 가졌다. 개구일번〔開口一番: 입을 열자마자〕 "야, 우리 나라 국문학자들은 무얼 하는 거야" 하면서 앞서 적은 바와 같은 사연을 늘어 놓았다. 워낙 무던한 강박사와 부인 정양완 교수는 그저 웃음 띤 얼굴로 "아냐, 그런 것이 아니야" 한 마디. 오찬회를 마치고 집으로 돌아오니 SBS에서 '오늘 갤러리아 백화점에서 모피 바겐세일을 했는데, 사람이 너무 많이 몰려 역부족으로 그만 문을 닫았다'라는 뉴스가 흘러 나왔다.

'역부족?' 한참 궁리한 끝에 '아, 힘부족이구나' 하고 깨달았다. '여보, 나 그런 힘 없어' 하지, '나 역부족이야.' 하는 말이 있나.' 혼자서 중얼거리다 보니, 우리 나라 받송인의 무책임함에 화통이 터지고 말았다.

　일본말로는 '지카라후소쿠[力不足]' 이다. '지카라' 는 역(力)의 훈음(訓音), 즉 우리말로 하면 '힘,' '후소구' 는 부족(不足)의 한음(漢音). 즉 유토[湯桶]읽기 인 것이다.
　그러나 중국에는 力不足이란 말이 없다. 역부종심(力不從心) 또는 능력부족이라고 하는데, 그렇다면 우리 나라 아나운서가 일본으로부터 역수입해서 쓴 것임에 틀림없다. 원래 한자는 한국을 경유하여 일본에 전해진 것이기 때문이다. 우리 나라 방송인이 생각 없이 겉만 따서 따라 쓰는 경솔함이 한탄스럽다.

　이렇게 따지다 보니 세종대왕께서 제정하신 훈민정음(訓民正音)의 뜻은 어디 있었는가 알 수 없게 되었다. 민(民), 즉 백성에게 올바른 음(音)을 가르친다는 뜻일 것인데, 무엇을 정음(正音)으로 하느냐라는 의문이 생긴다. 필자는 국문학자가 아니니 이 문제는 덮어두기로 하고, 필자의 힘이 미치는 정도의 의견을 적어 볼까 한다.

　노을은 황혼과 같은 뜻이요, 일본말로는 '다소가레' 라 한다. 일본 사람은 황혼을 일본 고래의 말에 따라 '다소가레' 라고 토를 달아 쓴다.

　외래문물이나 문화가 새로 들어왔을 때는, 그에 해당하는 고래어(古來語)가 없으니 외래어 그대로의 음을 따를 수밖에 없다. 예컨대 行燈은 '안동', 餃子는 '교자', 湯婆는 '유단뽀'라고 일본에서는 외래음대로 읽는다. 맨 마지막의 '유단뽀'에서 위에 붙인 '유'는 뜨거운 물, 즉 '탕(湯)'을 뜻하는 일본말이고, 거기에다 뜨거운 물을 넣어서 추운 날 몸을 데우는 것이라는 담뽀〔湯婆〕의 용도와 관련하여 위에다 덧붙인 것일 게다. 한자로 읽으면 단단뽀〔湯湯婆〕로 단이 겹치게 된다.

이렇게 따지고 보니, 일본식의 한훈(漢訓)·훈한(訓漢)·한한(漢漢)·훈훈(訓訓)읽기라는 외래어를 도입하는 과정에서 고래어를 살리겠다는 일본 사람들의 슬기라 해야 할 것이다. '납득할 수 없는 얄미운 짓, 자기멋대로'라고 먼저 한 이야기는 취소하고, '참고로 할 만한 탁월한 생각'이라고 고쳐 말할 수밖에 없다.

1998년 2월 25일 경향신문 경제란에 〈재경원——한은 갈등이 換亂 불렀다〉라는 기사가 실려 있다. '換亂'이란 처음 보는 한어이고, 그 기사를 읽으면 그 뜻을 알게 될까하여 다 읽어보았으나 그 단어에 대한 해설도 없고, 결국은 그 뜻을 알아낼 수 없었다. 아마도 기자가 만든 말——조어(造語)인지도 모르겠다. 한자도 제대로 가르치지 않는 이 시대에 조어 비슷한 환란이란 말을 쓰는 것은 보도에 있어서의 기본적 자세, 즉 '널리 알린다'라는 동 공기관으로서의 의무에 어긋나는 무책임하고 안이한 경솔함이라 아니할 수 없다. 한심한 노릇이다. 이러한 기사-

가 텔레비전으로 방송될 때 화면 아래의 자막이 나온다 해도 한음표시로 '환란'이라고만 나타날 것이니, 옥편을 찾아 그 뜻을 찾아볼 수도 없고 답답한 노릇이다.

교통표지도 전화번호부도 몽땅 한글쓰기이니, 지명(地名)·인명(人名)이 가진 본래의 뜻은 사라진다. 조만식(曺晚植) 선생님, 최현배(崔鉉培) 선생님 들을 중심으로, 일본식민지시대부터 기획해 온 조선어학회의 '한글맞춤법'이라는, 이른바 표음문자를 표의문자로 하자는 독창적인 모든 꾸밈이 물거품이 되고 만 듯하여, 한글을 자랑스럽게 생각해 온 필자로서는 '국문학자 여러분, 부디 우리말 바로잡기 운동을 펼쳐 주십시오'라고 두 손 모아 빌어 마지 않는다. 또한 '매스컴 여러분, 제발 독단적으로 한자를 한음으로 편의상 바꿔 놓지 마시고, 국문학자의 의견을 들어 주십시오' 하고 부탁드리고 싶다.

또한 오해가 없기를 바라는 마음으로 한 마디 덧붙인다면, 앞에 말한 한음이란 한음(漢音)·오음(吳音)·당음(唐音) 등 외래어가 들어온 시대에 중국을 지배하고 있던 정치체제를 반영하고 있다는 것이다. 分割·割引은 필자가 서울에 살고 있을 때는 분활·활인이라고 읽었는데, 요사이는 분할·할인으로 읽고 있다. 이것이 과연 한음인지 오음인지의 시대 고증을 거친 후의 변경인지도 궁금하다.

듣건대 훈민정음의 정음이란 무엇을 가리키는 것인지

모른다고 하니, 이것 역시 한음·오음·당음의 혼동에서
오는 것이 아닌지 여쭈어 보고 싶다.

　교통표지에 대하여 잠깐 언급하였는데, 그 표지 아래
붙인 로마문자 표기법도 통일이 되어 있지 않다. 이것 역
시 국문학자에게 자문을 구하여 '로마문자 표기법'을 마
련해야 될 듯하다.

　한자 이외의 외래어, 예컨대 구미어(歐美語)읽기도 앞에
서 잠깐 예를 들었듯이 뷔페·필터·필름 등은 뷰, 휠, 휠
이라는 어엿한 우리 한글이 있는데 그렇게 표기하고 있
는 것은 잘못이 아닌가 생각된다. 이 역시 '외래어 표기
법'을 국문학자에게 자문을 구한 다음 되살펴 쓰는 것이
타당하리라고 믿는다.

　전화번호부에 대하여 생각해 보기로 한다.
　전화국에 문의해 보니 같은 음으로 가장 많은 이름이
아마도 '김영수'일 것이라 한다. 그 예로 도봉구 한 곳을
잡아 전화번호부를 찾아보았더니, '김영수'란 이름으로
69명이 기재되어 있어 주소를 모르고는 도저히 누가 누
구인지 알 길이 없다. 2,3명 정도라면 전화로 확인할 수도
있겠지만 엄두도 못 낼 숫자이다. 전화번호부란 원래 인
덱스 역할을 하는 것. 이 인덱스에 주소라는 다른 인덱스
를 더하여도 분간을 할 수 없는 경우가 있을 것이니, 이
것만으로도 한글 전용론의 불타당함을 지적할 수 있을
것이다.

인명은 그 이름을 지은 분이 자손의 장래를 꿈꾸며, 이리저리 궁리한 끝에 애정을 다하여 정성껏 지은 것이리라. 지명 역시 그 유래를 밝히기 위하여 애써 지은 것. 이 모든 것을 한자를 생략한 채 한글로만 적으면 인격무시·역사경시·애정무시라는 비판을 면치 못하리라고 본다.

추기(追記)

국어문자 표기법

외국에서 오래 살다 온 사람으로서 듣고 읽는 국어문자가 한글 전용이고, 때론 한자를 표기하지 않은 한문 직음(直音)이라 알기 어려운 탓에 해석하기 어려운 점을 솔직히 적어 보았다. 그러나 생각해 보면 우리 나라에는 어엿한 국문학자님이 계시니, 국어문자 쓰기에 있어서는 그분들의 논의가 있었을 것이 아닌가 하고 알아보니, 한글맞춤법·표준어·외래어 표기법·국어의 로마자 표기법 등 이른바 사대정서법의 수정안이 1979년 준비되었고, 다만 아직 공포되지 않았을 뿐이라 한다. 또한 한글 전용이냐, 국한 혼용이냐의 문제에 관해서는 해방 후로부터 시작해서 38년 사이에 전용으로 열 번, 혼용으로 일곱 번이나 뒤바뀌었다고 하니 나라의 애매한 언어정책이 가져다 준

혼란은, 국민으로 하여금 한자를 배우려는 의욕을 잃게 하는 것이며, 어찌할 바를 모르게 한다고 할 수밖에 없다. 국문학자도 아닌 필자가 감히 가타부타 한다는 것이 주제넘은 짓이라는 생각이 들면서, 우리 나라 문교정책의 불통일에서 오는 뒤죽박죽인 국어문자 표기법이 하루 속히 통일성안(統一成案)되어 실천되는 날이 오기를 기다릴 뿐이다.

'언어 습득 능력이 절정을 이루는 초등학교 시절부터 한자교육은 오히려 강화되어야 하겠다'는 김문창(金文昌) 씨의 제안에 전적으로 찬동한다. (김문창 저《국어문자 표기론》, 1984년 3월 문학세계사 간행 참조.)

5. 한국 옛날 이야기 속의 지혜

우쭐하는 한국 사람이라는 제목 안에다 한국 옛날 이야기 속의 지혜를 취급하는 것은 좀 엉뚱한 듯하지만, 예로부터 내려오는 옛날 이야기에서도 배울 것은 배워야 한다는 필자의 바람이 있기 때문이다.

호랑이와 곶감

어느 날 밤 호랑이가 마을에 내려왔다. 떼를 쓰는 아이를 달래는 할머니의 소리가 밖에까지 들린다. "애야, 밖에 호랑이가 와 있다. 뚝 그치지 않으면 호랑이가 잡아먹는다." 호랑이는 깜짝 놀랐다. "할머니에게 들켰나 보다." 그런데도 어린아이는 울음을 그치지 않는다. 호랑이는 자존심이 상했다.

"자, 곶감이다"라는 할머니의 목소리. 그러자 놀랍게도 아이는 울음을 뚝 그친다. '곶감? 나보다 더 강한 놈은 누구일까?'

호랑이는 겁이 나서 걸음아 날 살려라 하며 도망 갔다는 이야기이다. 덧붙여 말한다면, 한국에서의 '호랑이'란 일본의 '도깨비'나 마찬가지로 무섭기는 하지만 어딘가 애교가 있는, 사람의 마음과 통하는 친근감이 가는 동물인 것이다.

이 옛날 이야기에서 얻을 수 있는 교훈은 사람마다 다를 것이다. '모르는 것이 약'이란 한국의 속담에는 맞지 않을 것이다. 필자가 여기에서 말하고 싶은 것은 '모르는 것만큼 무서운 것은 없다'라는 것이며, 요즈음 세상에서 자기 개인이나 자기 나라의 힘만으로는 아무것도 할 수 없으며, 상호간에 겸허한 자세로 서로 도움으로써만이 함께 번영할 수 있다는 소박하고 솔직한 사실을 알아야 한다는 것이다. 다른 나라의 원조를 받아서 이루어진 것을 마치 스스로의 힘만으로 해낸 듯이 뽐내며 우쭐대는 태도를 바꾸지 않는다면, 한국은 아시아뿐 아니라 세계적인 고아가 될 수도 있을 것이다.

삼년고개

　나그네가 시를 읊으며 이 고을 저 고을을 떠돌아다니다가 어느 환갑잔치 자리를 지나게 되었다. 축하잔치, 그 중에도 환갑잔치 자리이니 당연히 즐겁고 떠들썩해야 할 터인데, 어딘지 모르게 무겁고 침울한 분위기로 도저히 축하의 잔치로는 보이지 않는다.

　"길가는 나그네입니다. 축하주 남은 것 한 잔이라도 얻어 마실 수 있겠습니까?" 한국에선 이런 축하의 자리라면 지나가는 사람도 청해 들여 대접하는 풍습이 있다. 더구나 음유시인에게 있어서랴. 그런데 장남인 듯한 청년이 맞으면서 "대단히 죄송합니다"라며 속사정을 털어놓는다. 환갑을 맞는 이 집안의 어른이 동구 밖 '삼년고개'에서 넘어져 이제 3년밖에 못 살 것이라고 침통해하며 자리에 누워, 어떤 명의의 묘약도 효력이 없다는 것이다. "오늘내일 하는 목숨이니 환갑잔치라고는 하나 가족 모두가 암담할 뿐입니다"라고 장남은 탄식하며 조용히 일러 준다.

　"어르신, 아무 걱정 없습니다. 소생이 고쳐 드리겠습니다." 음유시인은 이렇게 말하며 그 장남에게 부친을 업고 따라오라고 한다. 얼마를 가니 동구 밖 고개에 다다랐다.

　"이 고개는 여러분도 아시다시피 삼년고개라고 합니다. 여기서 한 번 넘어지면 3년 밖에 못 산다고 합니다."

　음유시인은 고개를 다 올라가서 노인을 들어올리게 하고, 고개 위로부터 굴러내리게 하고는 "한 번 굴렀으니 이것으로 수명 3년, 두 번 굴렀으니 이것으로 수명 6년"

하고 외친다.

"과연 그렇겠군요."

본인은 물론 가족 모두가 수긍하며 기뻐했다는 이야기이다. '하늘이 무너져도 솟아날 구멍이 있다'는 속담이 한국에 있다. 바로 이런 생활의 지혜를 말하는 것이리라. 넘어져도 그냥은 일어나지 않는 한국민족의 끈질김을 나타내는 옛날 이야기이다. 이 끈질김에다가 타인을 생각해 주는 섬세한 마음 씀씀이가 더해진다면, 그것은 곧 '호랑이에게 날개를 달아 주다'가 될 것이다.

소금장수

깊은 산골 벽촌에 소금을 팔러 가는 소금장수 이야기. 험한 고개를 몇 개나 넘어다녀야 하는 소금장수는 피곤하다. 어느 고개 정상에서 먼저 온 소금장수가 쉬고 있다. 나중에 온 소금장수가 그 옆에 털썩 주저앉아 땀을 씻으며, "아, 이 고개가 조금만 낮았으면 좋을 텐데!" 하고 투덜거린다. 당연한 생각이리라.

옆의 소금장수는 '이 고개가 좀더 높으면 좋을 텐데!' 하고 혼잣속으로 중얼거린다. 고개가 좀더 높으면 그만큼 경쟁이 줄어든다고 생각하는 것이다.

두 사람의 차이는 작은 듯하지만 굉장한 격차가 있는 것이다. 누구나 쉽게 살고 싶다. 그러나 경쟁에서 이기려면 타인보다 훨씬 큰 고생을 각오해야 한다. 임어당(林語堂)의 소설 《차이나타운》은 외국에 살고 있는 화교의 이야기인데, '중국 사람은 그 지방에서 필요하면서 그 지방 사람들이 하고 싶어하지 않는 일에다 힘을 쏟는다'라고 말하고 있다. 동남아시아나 미국에 있어서나 중국인 동족의 결속과 협조관계는 매우 강하고, 또한 '내가 제일이다' 하는 등의 우쭐하는 태도는 절대로 취하지 않는다.

2

인사성 없는 한국 사람

1. 어느 교수 (I)

어느 날 회사로 한국 서울에 있는 K대학의 조교수가 찾아왔다. 고교시절의 친구 소개장을 가지고. 용건을 묻자 일본의 국회도서관에 가서 문헌의 복사를 부탁했더니, 저작권 문제가 있어서 전부를 한 번에 복사하는 것을 거절 당했다 한다. 그 복사를 어떻게 좀 도와 줄 수 없겠나 하는 부탁이었다. 필자는 한국 동란중에 일본에 유학 온 후 대학에서 학위를 받고도 계속해서 일본에 머물러 있기 때문에, 조국에 대하여 늘 빚을 지고 있는 느낌이고 거기에다 친구의 소개장도 있고 해서 쾌히 승낙했다.

여러 번에 걸쳐 사원을 국회도서관에 파견하여 문제의 문헌을 복사한 다음, 항공편으로 한국에 보내 주었다. 그런데 그후 아무 소식이 없다. 받았다는 말도, 고맙다는 말도 전혀 없이 함흥차사인 것이다.

상식적으로 보아 알지도 못하는 사람에게 일을 부탁하고 나서, 인사장 하나 보내지 않는다는 것은 상상할 수도 없는 일이 아닐까. 더구나 상대는 대학에 적을 둔 지식인인 것이다. 이러한 사람이 외국, 예를 들어 미국에 가서 어떤 사람에게 면담을 요청했다고 가정해 보자. 미국 사람은 쉽게 외부 사람과 면담하려 들지 않는다. 그 면담이 자기에게도 유익할 때면 거기에 응한다. 만일 면담이 성립되고 면담 후 그가 부탁했던 문헌의 복사를 받고 돌아왔다면, 귀국 후 당연히 면담자에게 감사장을 보내야 할 것이다. 보내지 않았다고 치자. 미국인으로서는 자기의 귀중한 시간을 쪼개서 면담에 응했고, 문헌의 복사까지 해 보낸 것이다. '어쩌면 한국 사람은 이렇게도 예의를 모를 수 있을까' 라고 생각할 것이다. 그 다음부터는 다른 한국 사람이 면담을 요청해 올 때, 아마도 만나 주려 하지 않을 것이다. 외교란 나라와 나라 사이만의 일이 아닌 것이다. 개인 대 개인의 사귐 속에 오히려 참된 외교가 있는 것이다. '한국인은 지식 수준이 높고 거기에다 예의도 바르다' 라는 인상은, 개인과 개인 사이의 교제에서 더욱 커갈 수 있는 것이다.

예의 대학 조교수 이야기로 돌아가 보자. 복사를 부탁받은 문헌은 확실히 지하수에 관한 것이었다. 그 사람됨으로 보아서 그 복사는 참고문헌으로서가 아니라, 표절을 위한 것이 아니었을까 하는 생각조차 하게 된다. 이런 의

심을 품게 되는 것은 그가 상식적인 일조차 제대로 못하
고 있기 때문이다.

2. 어느 교수 (Ⅱ)

  한국의 지반공학회에서 산사태에 관한 강연을 했을 때
의 일이다. 강연 후 부산의 K대학 교수가 자기 제자를 데
리고 인사를 왔다.
  "이 학생이 이번에 안정해석에 관한 학위논문을 완성하
여 얼마 안 있어 학위를 수여받을 예정입니다. 본인의 희
망으로 일본에 유학하여 산사태에 대해 좀더 공부하고
싶어하는데, 어떻게 주선 좀 해주실 수 없는지요."
  몇 번이나 한국에서 산사태에 관한 강연을 하고 나서
그 방면의 전문가가 없음을 알게 되고, 한국의 장래를 위
해 안타까워하고 있던 차라 그를 도와 주기로 하고 일본
으로 돌아왔다. 산사태를 전공으로 하고 싶다는데, 일본에
도 그런 강좌를 가진 대학이 없다. 건설성소관의 토목연
구소에 산사태연구실이 있어 외국인도 받아 주고 있다는
정보가 있기에, 토목연구소의 아는 사람을 통해 유학생을
받아 달라고 부탁했다. 그러나 예산관계상 외국연구원의
경우는 그 나라와 일본과의 교환조건으로만이 가능하다
고 한다.

당사자가 기혼자이며 일본에 유학하자면 3,4년은 걸릴 것이고 부인을 동반해야 할 텐데, 동경의 물가고를 생각할 때 두 사람의 생활비를 확보하는 것은 쉬운 일이 아니다. 생각을 거듭한 끝에 회사의 취체역회(取締役會)에다 문제의 학생을 사원으로 채용해 줄 것과, 3,4년간 필자 아래에서 산사태에 관한 연구를 시키고 싶다는 뜻의 동의서를 제출했다. 만장일치로 가결되고, 그 취지를 K대학 교수에게 통지했다. 그런데 기가 막힌 것은 편지를 받았는지 어쨌는지조차 소식이 없다. 보통의 기업에서 월급을 주며, 더구나 연구에 전념시켜 주는 곳은 아무 데도 없을 것이다. 필자가 지금의 회사의 창립자 가운데 한 사람으로서 사원의 기술교육에 몸바쳐 온 공적을 인정해 준 특별조치였던 것이다. 그후 약 2개월이 지나서 본인으로부터 답장이 왔다. 아내가 큰병에 걸려서 한국을 떠날 수 없다는 내용이었다. 그렇다면 진작 연락을 했어야 할 것이 아닌가. 전항에서도 쓴 대학교수의 경우도 있고 해서, 한국인의 인사성 없음에는 어쩌는 수가 없다고 일단 그 안은 없었던 일로 해버렸다.

세상에도 희한한 사건이 발생한 것은 그 다음의 일이다. K대학의 그 교수로부터 전화가 왔다. 말인즉 '그 학생 대신 내가 일본에 가고 싶다'라고. 편지도 제대로 전해주지 않았으며, 자기 제자를 위해 최선을 다한 필자에 대한 감사의 글 한 장 보낸 일도 없이, 이번에는 자기가 일본에 가고 싶으니 주선해 주지 않겠는가'라니, 참으로 뻔

뻔하기 이를 데 없다. 일본 토목연구소의 외국인 연구생을 받아들이는 규정을 얻어 그것을 보내 주었다.

필자는 여기에서 희한한 제안이라고 했다. 한국에 살고 있는 한국 사람들도 이것을 희한하고 있을 수 없는 일이라고 받아들일 것인가, 아니면 반대로 필자의 도량이 좁은 탓이라고 할 것인가.

필자는 22세 때 일본에 유학 와서, 학위 취득 후에도 계속해서 일본에 체류하고 있다. 이제 곧 50년이 된다. 그동안 '여기에 한국 사람이 있다' 라는 긍지를 가지고 살아왔다. 필자는 고국에 대하여 '고국을 위하여는 무엇 하나 한 것이 없다' 라는 죄책감 때문에도, 한국 사람으로부터의 부탁은 될 수 있는 대로 들어 주려고 노력하며 살아왔다. 결국은 나만의 짝사랑이었는지도 모른다는 생각을 하게 된다.

같은 지반공학회에서의 강연 후, 필자의 강연에 나오는 문헌에 관한 문의가 한국으로부터 있었다. 제법 장편의 논문이었고, 그것을 복사해서 보내 주었다. 그것에 대하여도 물론 인사장 같은 것은 없었다.

3. 어느 사장

　68세 때의 일이다. 서울 교외에 있는 선산에다 자신의 가묘를 세우고, 그 제막의 의식을 치르기 위하여 서울의 한 호텔에 묵고 있었다. 동경대학의 선배이며 필자가 존경하는 A박사가, 고문으로 계시는 회사의 사장과 함께 호텔을 찾아오셨다. 호텔 내의 레스토랑에서 점심을 함께 하면서 잡담을 나누었다. 헤어질 때쯤 해서 그 사장이 "우리 회사는 지반개량을 전업으로 하는 기업입니다. 지금 쓰고 있는 지반개량제도 일본에서 수입해 온 것으로 이럭저럭 30년이나 됩니다. 지금쯤이면 무언가 새로운 재료가 개발되었다고 생각합니다만" 하며 자료수집을 부탁받았다.

　동경에 돌아오니 마침 지반개량에 관한 국제심포지엄이 요코하마[橫浜]에서 2일간 개최된다는 뉴스가 신문에 보도되어 있었다. 즉시 부하직원을 요코하마에 파견하여 관련자료를 수집시켰다. 자료는 여러 부문에 걸쳐 있었고, 사과 한 상자분은 되었다. 항공편으로 한국에 보내 주었다. 존경하는 선배의 소개이기도 하고, 이번에는 인사장 정도는 오지 않을까 생각했다. 그런데 아무 소식이 없다. 이번에도 함흥차사인 것이다. 화가 났다. 그래서 '대학교수도 그렇고, 회사의 사장도 그렇고, 한국의 지식계급에 속하는 사람들은 모두가 어째서 이렇게도 한결같이 예의를 모르는가. 사람을 파견해서 자료를 애써 모아 항공편으로 보내 주었는데, 받았으면 받았다는 인사장 하나 쓸 줄 모르는가'라고 격분한 말로 편지를 써보냈다.

필자는 마침 북경에 출장중이었는데, 북경에 숙박하고 있는 호텔로 그 사장의 죄송하다는 편지가 동경 본사를 경유해서 날아왔다. 문장도 훌륭해서 역시 한 기업의 사장은 다르구나 하고 감탄했다. 그렇다면 이 정도의 문장을 쓸 수 있는 사람이 어째서 진작 인사장을 쓰지 않은 것인가. 한국의 풍습일까. 필자는 대학 2학년까지 한국에 살면서 부친의 모습을 보면서 자랐다. 인사장은 그때그때 쓰셨던 것으로 기억한다. 그 사장의 편지에도 '진작 인사를 올렸어야 했는데…'라고 씌어 있는 것을 보면, 풍습에서 오는 무례는 아닌 듯하다. 어찌되었든 이것으로서 그와의 인연은 끝나고 만 것이다. 사람과 사람과의 교제는 일상적인 사귐 속에서 돈독해지는 것이다.

4. 어느 동창회에서

필자의 집사람은 부산여고 출신이다. 부산여고 출신은 일본에도 제법 있어서 1년에 한 번씩 장소를 바꾸어 가며 동창회를 열고 있다. 한국에도 당연히 부산여고 동창회가

있어서 언젠가 일본과의 합동 동창회를 일본에서 개최한
적이 있다. 동창회라고 해도 전전파(戰前派)와 전후파(戰
後派)의 차이가 있어서, 실은 그렇게 쉽사리 친숙해지지
는 못할 것이다.

　합동 동창회가 있던 다음해, 일본에서 하는 동창회에
나간 집사람에게 '한국분들은 인사장을 쓰는 습관이 없
는가 보지요?'라는 질문들을 받았다고 한다. 전회의 합동
동창회 때 많은 기념사진을 찍어 인화해서 보냈는데, 받
았는지 어쨌는지 통 소식이 없다는 것이다. 일본 사람으
로 볼 때는 상상조차 할 수 없는 일이었을 것이다.
　전후의 부산여고도 제법 재녀를 배출한 듯 시댁들도 쟁
쟁한 사람들이 많다. 일본 사람 눈에 비친 그들은 몸가짐
도 훌륭하고 예의바른 가정생활을 하고 있으리라고 생각
했을 것이다. '한 가지를 보면 열 가지를 안다'고 해서 인
사장 안 쓴 것 하나로 모두 싸잡아 나쁘게 말하고 싶지는
않지만, 아무래도 너무 무신경한 듯하다.
　도에 넘치는 예의는 정이 없어 보이지만, 적당한 예의
는 서로의 사귐을 부드럽게 한다. 어쨌든간에 한국 사람
이 인사성이 없는 것은 남자만이 아니고 여자도 마찬가
지이니, 이것을 한국의 풍습이라고 할 수밖에 없는 듯하
다. 조선은 일찍이 '동방예의지국'이라 불리고 예의바르
기로는 동방의 표본이었을 터인데, 그 예의란 어떤 예의
였을까 하고 의아심을 갖게 된다. 한국에는 '말 한 마디
로 천냥 빚을 갚는다'라는 속담도 있는데 말이다. 레스토

랑이나 백화점이나 한국 사람은 어딘지 퉁명스럽다는 느낌을 받게 되는데, 이것도 일종의 '인사성 없음'에서 오는 것인지도 모르겠다.

5. 어느 강연회에서

필자가 두번째 책《산사태공학 —— 최신 토픽스》를 출판하고 나서, 그 기념여행으로 중국·대만·홍콩을 일순하였다. 중국·대만에서는 통역을 붙여 준다는 조건으로 OK였으나, 홍콩의 경우 북경어를 알고 있는 계층이 적고 광동어가 주이며, 오히려 영어가 공통어였으므로 영어의 텍스트와 비디오의 북경어판과 영어판을 준비했다. 이 과정에서 이번 일정에다 고국을 넣지 않는 것은 옳지 않다는 생각이 들어 서둘러 한국어판을 준비했다. 비디오는 필자가 개발한 최신의 산사태방지공법에 관한 것이다.

중국의 대련이공과대학과 광서이공과대학, 홍콩의 홍콩이공과대학에서 강연을 끝내고 드디어 서울에 도착했다. 한국에서의 주최는 지반공학회이다. 장소는 연세대학으로 시간에 맞추어 회장에 도착했으나, 앞의 강연자가 시간을 초과한 듯 10분 정도 기다렸다. 강연을 끝마친 다음 비디오 방영을 시작했으나 화면만 보이고 소리가 나오지 않는다. 비디오는 두 개 준비해 왔고 합해서 약 한 시간짜리이다. 사회자는 구두로 설명하기를 요구했지만 텍스트의 한국말로의 번역, 테이프의 한국어 취입 등 아르바이트를 써가며 나 나름대로는 조금이라도 고국을 위해 공헌하고자 모든 준비를 했던 만큼, 학회의 성의 없는 적당주의에 만정이 떨어지는 느낌이었다.

주최자측은 필자〔강연자〕 같은 것은 안중에도 없고, 일단 시간은 내어 주었으니까 하고 우쭐해 있는지도 모른다. 그렇지 않다면 처음부터 비디오 방영이 결정되어 있었으니 한 번쯤 미리 틀어 보았어야 하지 않겠는가. 고국을 생각하여 성심껏 준비해 온 자신이 너무도 어리석게 생각되어, 도저히 말로써 해설 같은 것을 할 심정이 아니다. 말소리가 없는 채 방영을 끝내고 자리를 떴다. 이것이 한국학자들의 모임인가 하고 생각하니 너무나 가슴이 아프다.

강연이 끝났을 때 청강한 사람 둘이서 싸인을 받으러 왔다. 한 사람에게는 ‘유어예(遊於藝)’, 또 다른 한 사람에게는 ‘행불유경(行不由徑)’이라는 논어의 글귀를 인용해서 싸인해 주었다. ‘遊於藝’란 예(藝)에서 놀다, 즉 ‘학문이나 기술을 마스터하고 그 안에서 놀 수 있을 만큼 공부하시오.’ ‘行不由徑’이란 ‘가까운 길을 찾지 말고 정도를 걸어가시오’라는 기원을 담은 것이다. 한국의 학회에의 비판도 그 속에 담겨 있다.

3

터무니없는 한국 사람

1. 관광지의 호텔

1997년 9월 일본 컨설턴트 관계의 이사급 일행을 이끌고 한국 산사태대책 시찰단으로 한국에 와서, 약 열흘간에 걸쳐 부산·제주도·대전, 그리고 영동 부근의 경부선 연선(沿線)의 영동도로 확장의 현장을 시찰하였다. 일행 중에는 처음으로 한국을 방문하는 사람이 대부분이고, '곳이 바뀌면 문물도 바뀐다'는 속담과 같이 경치·습관 등이 일본과 많이 달라서 호기심이 가득 찬 보람 있는 여정이었다는 인상을 가지고 일본으로 돌아갔다.

필자는 단장의 입장이긴 했으나 건강이 여의치 않아 경주와 영동 사이의 여행에만 참가하였다. 영동현장에 입회하기 위해서였다. 영동으로 떠나기 전날 한 고적지 호텔에 들러 그들을 맞으려고 호텔에 체크인 했을 때의 일이다. 보이가 짐을 날라 주는데, 짐을 엘리베이터까지만 실어 주고 나만을 올려보낸다. 나는 세계 여기저기 해외여행을 많이 해봤지만 짐을 방까지 가져다 주지 않는 일은 처음 당했다.

짐을 풀고 나서 1층으로 내려가 커피를 마시며 커피숍 보이에게 물었다. "여보, 여기는 몇 급 호텔이오?" "네, 특급입니다." "그럼 특급호텔에서 손님 짐을 방까지 전해 주지 않는다니 말이 되오?" "네, 죄송합니다. 본사 지시로 인원삭감을 했기 때문입니다." "아니, 손님이 특급호텔에 숙박하는 것은 그 호텔의 시설과 서비스의 질을 평가해서인데, 숙박비는 그대로 받고 서비스의 질만 낮춘다면 이치에 안 맞는 것이 아니오?" "죄송합니다."

죄송하다고만 말해서 끝날 일이 아니다. 내 불편도 불편이려니와 일본 사람들에게 주는 인상이 우선 걱정이 되었다. 일행은 고적관광에 나가 있고 돌아올 때까지는 아직 많은 시간이 남아 있다. 프런트에 물으니 지하층에 사우나가 있다고 하기에, 사우나에서 마사지를 받을 수 있느냐고 물으니 "잠깐 기다리세요" 하곤 전화기를 든다. "지금 여기 호텔 손님이 오셔서 사우나에서 마사지를 받고 싶어하시는데, 어떻게 특별히 받아 드릴 수 없을까요?"라고 묻는다. 그리고는 "네, 그래요. 그럼 손님을 그리로 모시겠습니다." 특별서비스인가라고 의아스러운 채 아래로 내려가 보니, 사우나로 통하는 길은 호텔뿐만이 아니라 외부로부터도 직접 사우나로 들어올 수 있게 되어 있다. 특별서비스가 아니고, 내가 먼저 말한 불평에 대한 무마책으로 프런트 아가씨가 꾸며낸 연출이었음을 알았다.

불쾌한 마음을 안고, 사우나를 마치고 마사지실에 들어갔다. 필자는 나이도 나이려니와 워낙 여행중 마사지로 피로를 푸는 습관이 있다. 동남아시아 각국과 중국·대만 등의 호텔에서 마사지를 받고 지내왔는데, 대만 시내의 마사지 전문점에서 받은 것이 세계에서 제일이라는 인상을 가지고 있었다. 그런데 이런 놀라운 일이 있을까. 관광지의 그 호텔에서 받은 마사지는 글자 그대로 특급으로, 약 두 시간에 걸친 마사지를 받고 나니 온몸의 피로가 다 풀리며 상쾌한 느낌에 몸이 거뜬하다. 조금 전의 호텔 서비스에 대한 불평조차 싹 가시어지고, 하룻밤 더 묵으며 다시 한 번 마사지를 받고 싶은 마음조차 간절하였다.

여담은 그만하고, 여기에서 지적하고 싶은 것은 서비스에 관한 한국 사람의 인식의 그릇됨이다. 앞서 든 예와 마찬가지로 손님을 위주로 하고, 서비스료에 알맞은 서비스를 제공해야 한다는 것이다. 서비스가 숙박비의 15퍼센트이니 서비스의 질을 낮춘다면 당연히 숙박비도 낮추어야 하지 않겠는가. 호텔에 숙박하는 손님은 그 호텔의 매상을 올려 주려고 숙박하는 것이 아니라 스스로의 피로를 풀기 위한 것. 이런 간단한 이치를 모르는 나라는 국제성에 어두운 후진국의 상징이 아니겠는가. 경영난을 ㅇ

떻게 해결하느냐? 사람을 줄이면 된다. 이런 계산에서 인원삭감을 하고, 삭감 후의 사태가 어떻게 되거나 될 대로 되라 하며 적당히 넘어가려는 뚜드려맞추기식 사고방식의 전형적인 예인 듯하다.

2. 텔레비전 프로

KBS의 '그 사람이 보고 싶다'는, 프로 제목도 진행방법도 일본 TBS 텔레비전에서 방송하고 있는 '당신을 만나고 싶소' 그대로이다. 또한 KBS2의 '진품명품'은 테레비동경의 '무엇이나 감정단'과 똑같은 내용이다. 일본의 텔레비전 프로에도 미국 것을 그대로 모방한 것이 있을 것이고, 그것을 탓할 것은 못 되는지도 모른다.

어느 날 민방을 보고 있자니 매실주의 광고가 나오는데 그것이 일본의 것을 그대로 수입하고, 일본의 여배우가 나오는 데는 그만 아연실색하고 말았다. 광고 대금을 일본에 지불한 것일까. 때마침 IMF 위기로 심각한 때이고 보니, 이런 곳에까지 외화를 쓰고 있는 신경은 아무리 해도 이해해 줄 수가 없다.

어떤 일본 사람이 '한국 사람은 일본제품, 특히 가전제품이나 화장품을 좋아한다. 약을 보더라도 일본의 정로환의 복제가 있다. 그러면서도 일본 사람은 싫어한다. 아니싫어한다기보다 봉이라고 생각하고 있는 듯하다. 이것은 중국에 가도 마찬가지이지만' 하며 고개를 갸우뚱거린다.

필자도 일본에 오래 살고 있어서인지, 한국에 오면 일본 사람으로 보는 이들이 많다. 택시를 타면 미터기를 꺾지 않고, 내릴 때 "얼마인가?" 물으면 "알아서 주세요" 한다. 택시요금을 얼마 주어야 할지 내게 맡긴다니 곤란한 이야기이다. 시바 료타로의 〈대구의 마사지사〉와 비슷한 감정이었던 것 같다. '태워다 주지 않았느냐. 투덜거리지 말고 일본 정도로 지불하면 될 것 아닌가' 하는 배짱일 것이다. 불유쾌한 일이다.

싫다면 싫어해도 좋으나, 그러면서 무절제하게 모방하고 있는 것은 너무 얌체짓이 아닐까. 일본의 속담에 '스님이 미우면 가사까지도 밉다' 라는 말이 있는데, 텔레비전 프로 같은 것을 다른 곳에서 힌트를 얻어 오는 것도 좋으나, 조금은 연구개발할 수도 있을 법한데 말이다. 있는 그대로 가져온다는 것은 너무나 주체성이 없어 보인다.

근대화란 것이 어차피 선진국의 모방일진대, 모방하다 보면 결국에 가서는 선진국의 생활양식을 구현하게 될 수도 있을 것이다. 하지만 KBS는 민방과도 다른 국영방송이고, 매스컴으로서 대외적으로 한국을 대표하는 한국의 얼굴인 것이다. 방송용어의 손쉬운 모방이나 함부로 만들어 쓰기도 그렇고, 방송프로의 의식 없는 모방도 그렇고, 좀더 나라를 대표하는 방송인으로서의 높은 차원의 양식을 가져 주었으면 한다.

3. 뜯어맞추기 투성이의 기초공사 설계

한국에 와보고 놀라게 되는 것에 건축물의 기초공사가 있다. 수십 미터를 파내려가서 기초를 친다. 깊이가 깊이인 만큼 설계와 시공에 많은 신경을 쓸 필요가 있다.

땅 속에 수직벽을 세우는 경우, 어떤 높이까지 할 수 있는가 하는 것은 지반이 굳은 바위인가 또는 흙인가 하는, 이른바 지반조건에 따라서 달라진다. 간단한 예로서 모래인 경우를 생각해 보자. 모래사장에서 누구나 경험한 적이 있듯이 모래일 때는 수직벽을 만들 수 없다. 점토라면 어느 높이까지 수직벽을 만들 수 있다. 이처럼 수직벽을 만들 수 있는 조건을 토질공학에서는 점착력(粘着力)이라고 한다. 고결도(固結度)가 클수록 점착력이 커진다.

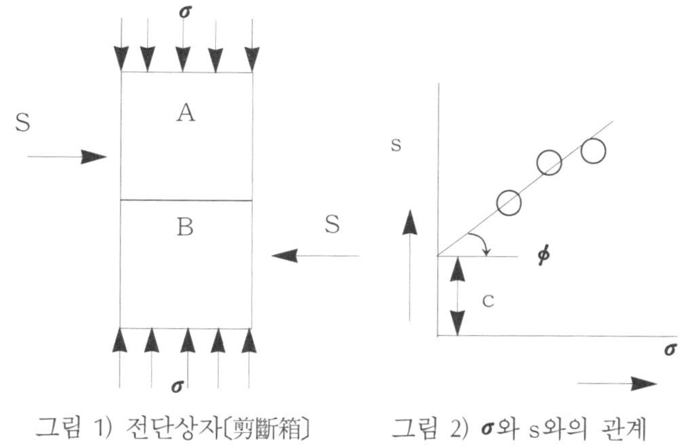

그림 1) 전단상자〔剪斷箱〕　　　그림 2) σ와 s와의 관계

　여기서 토질역학에서의 전단강도의 개념에 대하여 잠시 공부해 보자. 전단이란 어떤 면을 끼고 일어나는 변위(變位)를 말하는 것이다.

　그림 1)에서 A·B는 전단상자이며, 각 상자에 흙을 채우고 아래위로 포갠 다음 위로부터 임의의 수직하중을 가한다. 단위면적에 가해지는 하중을 σ(시그마)라 하자. 여기서 이 전단상자에 S라는 수평력을 가하여 포개진 아래위 상자에 전단이 발생한 것으로 하자. S를 전단상자의 단면적으로 나눈 값을 전단응력〔剪斷應力; 剪斷強度 s〕이라고 한다. 상하압(上下壓) σ를 크게 하면 전단응력 s도 커진다. 그림 2)는 σ를 변화시킨 경우의 수직압(상하압) σ와 전단응력 s와의 관계를 나타내는 것으로, σ와 s의 관계가 그림에서와 같이 직선관계에 있음을 1776년에 프랑스의 쿠론이 발견하였으므로 쿠론의 법칙이라고 부른다.

그림에서 이 직선이 가로축과 이루는 각을 Ø(파이)라 하고, 세로축상의 절편을 c라 할 때, 이 직선의 식은 기하학에서 배운 대로

$$s = c + \sigma \tan \varnothing$$

로 주어진다. 여기서 c를 점착력, Ø를 내부마찰각이라고 한다. c와 Ø의 값은 흙에 따라 다르며, 토질시험을 행함으로써 구할 수가 있다.

아무런 버팀 없이 유지할 수 있는 수직벽의 한계 높이를 점착고, 또는 점착력고라 하며 기호 Zc로 나타낸다.

$$Zc = 4\ c/\omega\tan\ (45° + \varnothing/2)$$

여기서 ω(오메가): 지반의 단위체적중량
　c: 점착력
　Ø: 내부마찰각

으로 표시된다. 점착력 c = 0 이면, 점착력고 Zc = 0 이다.
　c가 적으면, 그림 3)에 나타낸 바와 같이 연직벽(鉛直壁)이 어떤 높이에 이른 단계에서 수직벽의 붕괴를 일으켜 인접구조의 침하 또는 도괴를 유발하게 된다. 이와 같은 위험이 염려되면, 미리 쉬트파일이라고 하는 강시판(鋼矢板)을 연직벽을 따라 타설하고 아울러 사이사이를 앵커로 매다는 공법을 시행하게 된다. 이와 같은 처치를

하지 아니하면, 그림 3)의 설명과 같이 어떤 붕괴면에 따라 연직벽의 붕괴를 초래하여 대형참사의 원인이 된다.

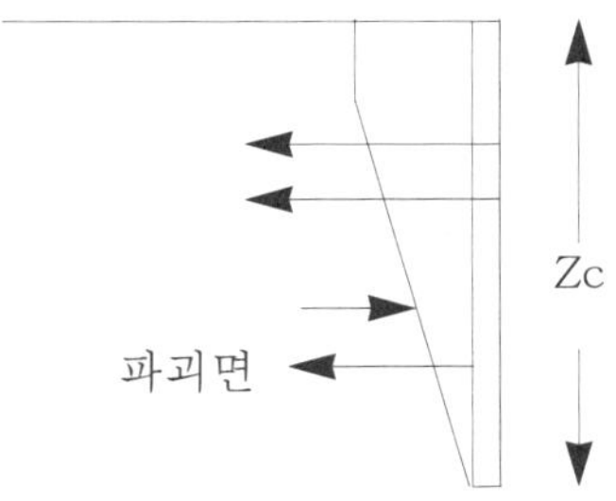

그림 3) 수직벽면의 파괴

결(節理)이 발달한 암괴의 파괴선의 추정은, 현재의 암반역학의 수준으로는 어렵지만, 풍화상의 경우에는 역시 그의 점착력 c와 내부마찰력각 $\emptyset$ 에 의해서 가장 위험한 붕괴면을 일률적으로 결정할 수가 있다.

필자는 지난 수년간 한국의 지반공학회와 과학기술처 산하 자원연구소의 초빙을 받아 '산사태공학'에 관하여 몇 차례 강연을 하였는데, 그때에 느낀 것은 c와 $\emptyset$ 의 시험치가 없고, 구미와 일본 문헌으로부터 복사인용해 사용하는 것이 두드러지게 눈에 띄었다는 점이다. 바꾸어 말하면, 우선 파놓고 보자는 식이다. 붕괴가 일어나지 않으면 요행이지만, 붕괴가 일어나서 인접한 건물에까지 피해가 미치게 되면 '그것은 그때의 일'이라고 해버릴 흐리터분한 적당주의 사고방식으로 보인다.

흙이나 암석의 c와 Ø의 값은, 나라에 따라 지역에 따라 천차만별 다른 것이 상식인데, 외국문헌을 간단히 인용하는 것은 도저히 용납할 수 없는 짓이다. 어떤 안정해석식을 채택하더라도 거기에 대입해야 할 c와 Ø의 값 여하에 따라 계산되는 사면의 안전율은 당연히 달라지게 된다. 우선 현장에서 토질 내지 암질시험을 행하는 것이 타당한 조치이며, 이것을 소홀히 하면 '기왓장 한 장 아끼다가 대들보를 썩힌다'는 결과를 초래하게 될 것이다. 거듭 명심하기를 바라는 바이다.

'소경은 뱀을 두려워하지 않는다'고 한다. 기초 데이터가 없는 억지 설계는 때로 인명사고를 초래한다. '붕괴가 일어나면 어찌할까. 그것은 그때 가서 하지'라고 대수롭게 여기지 않는 태도는 기술(技術)이 가질 올바른 태도가 아니다. 통일된 국가의 기술기준, 시공관리기준이 있어야만 부실공사를 미연에 방지할 수도 있고, 또한 새로운 공법의 개발도 촉진할 수 있다. 권위 있는 시공관리기준이 없으면 준공검사는 현장담당자의 적당주의에 맡겨져 뇌물을 주고받는 것으로 끝나고 만다.

4. 터무니없는 한글쓰기

필자가 '한글 철자법통일안(綴字法統一案)을 배운 것은 종전후(終戰後) 고등학교 1학년 때 남광우(南廣祐) 선생님으로부터이다. 일제시대(日帝時代) 감옥(監獄)에 들락거리면서 모국어(母國語)인 한글의 철자법통일안 작성에 몸을 바쳐 끝까지 모국어에 대한 애착을 잃지 않았던 '조선어학회(朝鮮語學會)'의 여러 선각자(先覺者)에 대한 경의(敬意)와 '표음문자(表音文字)로서의 한글을 표의화(表意化)하자'는 독창적인 착안점(着眼点)에 관해서 선생님으로부터 깊은 감명(感銘)을 받았다.

그로부터 반세기. 현재 한국에서 쓰이고 있는 한글은 신문에서나, 인쇄물에서나, 텔레비전에서나, 무질서하며 혼돈된 엉망진창의 세계인 것이다.

한자(漢字)도 외래어(外來語)이다. 독일어·영어·프랑스어·러시아어 등과 마찬가지 외래어로, 어느 나라 말이거나 그 나라 고유(固有)의 의미를 가진 단어(單語)가 많아서 그대로 이식(移植)할 수 없는 개념(概念)을 가진 것이 많다. 그들을 모두 한글로 옮긴다는 것은 무리한 이야기이다. 따라서 '표음문자로서의 한글을 표의화하자'고 해도 거기에는 한계(限界)가 있는 것으로 그 한계를 끝까지 파고들지 못했기 때문에 한글 사용의 '터무니없음'의

폐해(弊害)가 드러나게 된 것이다. 문헌(文獻) 등을 찾아보니, 그 책임은 한글 전용론자(專用論者)들에게 있는 듯하다. 최현배 씨는 해방(解放) 후의 군정청학무국(軍政廳學務局)의 감수부장(監修部長) 자리에 있으면서, 조선교육심의회(朝鮮敎育審議會)를 통해 청천벽력(靑天霹靂)으로 한자폐지(漢字廢止)를 제기(提起)하고 의결(議決)했다고 한다.

어느 나라 언어(言語)를 막론하고 그것을 일 대 일로, 그 뜻을 그대로 번역(飜譯)할 수는 없다. 예를 들면 한국말에 '멋'이라고 하는 것이 있는데, 일본말에는 없으니 '세련(洗練)되고 매력 있는 것'이라고 의역할 수밖에 없다. 비슷한 것은 일본말에도 있어서, 예를 들어 '와비〔侘び; 그윽한 정취〕'는 하이쿠〔排句; 배구〕의 극치로서 간소(簡素)하고도 차분한 경지(境地)를 말한다. '사비(寂)'란 파초(芭蕉)의 하이쿠의 근본 이념(理念)인 세련된 한적(閑寂)의 경지를 나타낸다. 여기에서 말하는 하이쿠란 5. 7. 5 3구(句) 17음(音)으로 된 단형시(短形詩)를 말한다. 어쨌든 해설 없이는 음에만 의한 인용(引用)밖에 할 수 없다. 한글 전용이 문맹자(文盲者) 수를 줄이는 데 기여(寄與)했다고는 하나 종전 후 한글 전용(專用)이 열 번, 국한혼용(國漢混用)이 일곱 번이나 개정(改正)된 사실로 미루어 보아도 최현배 씨 등 한글 전용론자의 당시의 결단(決斷)은 너무나 경솔한 처사(處事)였던 것 같아, 분노(憤怒)조차 느끼게 된다.

그동안 젊은 세대는 때론 한문을 배우다 도중에 한글전

용으로 해서 좌절(挫折)되고, 국한혼용을 주장하고 있어
도 언제나 그랬듯이 또 좌절할지도 모른다는, 즉 배우기
전부터 의욕(意慾)을 잃게 되는 국어교육(國語敎育)에 대
한 불신감(不信感)만 쌓였을 것이다. '역부족(力不足)'이
라는 일본어로부터의 안이(安易)한 역수입한자(亦輸入漢
字)에 맹목적으로 따르는 매스컴. 방송용어(放送用語)로서
의 그것을 유식어(有識語)로 받아들이고 있는 일반 대중
을 나무랄 수는 없는 것이다.

다음에는 상용한자(常用漢字)에 대하여 생각해 보기로
한다.
김문창의 《국어한자 표기론》에 따르면 '1955년에 한글
전용 강조. 상용한자 1천3백 자 제정, 국민학교 고학년 국
한혼용'이라고 실려 있다. 상용한자 1천3백 자라고 하면
인명·지명 등 도저히 한자 표기가 불가능하다. 제 1장
(4)에서 전화번호부의 예를 들었다. 음으로만은 찾을 수가
없고, 주소를 알아도 여간 어렵지 않다. 상용한자 1천3백
자라는 것 또한 '한글 전용론자의 터무니없음'이라고밖
에 볼 수 없다.

최근 시라카와 시즈가〔白川靜〕의 《자통(字統)》·《자훈
(字訓)》·《자통(字通)》이라는 삼부작(三部作)의 사전(辭
典)이 평범사(平凡社)에서 발행되었다. 《자통(字統)》은 다
략 6천8백 자의 교육한자·상용한자·인명한자를 위시하
여 많이 쓰이는 한자로부터, 익숙지 못한 눈에 선 한자까

지, 그 한자 성립의 근원을 찾아낸 한자의 원사전(源辭典)으로 저자는 중국 고대인의 정신세계와 사회생활을 여러 각도로 조명(照明)하여, 반세기에 이르는 연구생활에 모든 것을 바쳐 한자의 생성(生成)과 전개(展開) 과정을 계통적으로 해명(解明)한 것으로 인정받아 '매일 출판문화상 특별상'을 수상(受賞)했다. 《자훈(字訓)》은, "우리 선인(先人)들이 한자라는 외래(外來)의 문자(文字)에다 훈(訓)을 붙임으로써, 이것을 일본자화(日本字化)하는 데 성공했다. 오늘날 우리는 한자를 무심코 쓰고 있으나, 처음 한자와 만났을 때 일본어의 어의(語意)나 어의식(語意識)은 한자 본래의 자원자의(字源字義)와 과연 어떻게 대응(對應)하고 적합(適合)되었을까. 본서(本書)는 성립 당시의 화훈(和訓) 1천82어(語)에 관해 하나하나 문제를 검토한 획기적(劃期的)인 고어사전(古語辭典)이다"라고 못박고 있다.

최현배 씨 등의 한글 전용론과 일본적인 한자의 도입방법, 그리고 거기에 관한 역사적인 심사숙고(深思熟考)의 차이를 단적(端的)으로 보여 주는 것으로써 한국 국문학자의 깊은 반성을 촉구(促求)하는 바이다.

1998년 2월 10일(화) 동경신문 '와이드 문화' 란에 〈한자를 구출하는 방법. 불편! 쓸 수 없는 자(字)가 너무 많다〉라는 동경대학 교수·건축가(建築家)인 사카무라 겐〔坂村健〕의 논평(論評)이 실렸다. 워드 프로세서, 퍼스널

컴퓨터의 보급(普及)이 현저(顯著)한 지금, 사용해 보고 나오지 않는 한자가 많음과 관련해서 '컴퓨터 개발은 한자권(漢字圈) 사람이 주체적(主體的)으로' 라는 제안이다. 컴퓨터로 한자를 쓸 수 있게 된 것은 20년 전인 1978년. 그 당시 통상성이 일본규격으로서 6천3백49자의 한자를 쓸 수 있는 이른바 JIS 한자 코드를 제정하고, 그해 가을에 일본 최초의 워드 프로세서가 등장했다. 그리고 20년이 지난 지금 하드웨어의 성능(性能)은 1백 배, 기억장치(記憶裝置)의 용량(容量)은 1천 배, 가격은 1백분의 1로 대단한 진보를 거듭했다. "컴퓨터는 공장의 기계를 제어(制御)할 뿐 아니라, 문화를 선도(先導)하는 것이 되었다. 따라서 어떤 문자를 쓸 것인가를 공업규격(工業規格)으로 받아들이는 것은 무리이다"라 하고, "만들어진 규격이 주는 영향은 크다. 선거로 뽑힌 것도 아닌 소수의 사람들이 관할(管轄)하는 것은 잘못된 것이다"라고 단언(斷言)한다. 동경대학에서는 1995년부터 인문계 다국어 텍스트 프로세싱에 관한 프로젝트를 시행하고 있으며, 그 중에서 우선 한자를 수집해서 이미 19만 자를 수록(收錄) 정리해서 6만 4천 자, 병행해서 컴퓨터에 쓸 수 있도록 폰트〔Font; 書體〕를 작성했고, 정리된 문자는 데이터베이스에 모아서 공개(公開)할 예정이라 한다. 일본과 한국과는 격세지감이 있고, 같은 한자권에 있으면서 모든 것을 한글로 바꾸어 쓸 수는 없다는 사실을 무시한 채 터무니없이 한글 전용으로 기울어져 있으니, 아시아의 고아(孤兒)가 되고 있는 한국 국문학자의 '터무니없는 좁은 소견'으로 해서

'화근(禍根)을 길이길이 남기는 일이 되지 않도록' 하고 간절히 바라는 바이다.

먼저 말한 김문창 씨 저서에 한글 전용과 관련하여 '한글 전용론은 교육적 효과를 높인다는 연구보고서가 있다'라고 하며, 중학생을 대상(對象)으로 해서 한자와 고유어(固有語) 두 종류의 문법용어를 가르치고 시험을 본 결과, 한자의 정답(正答)은 9퍼센트인 것에 비해 한글식 용어의 정답은 37퍼센트였다는 결과를 인용하고 있다. 영어와 러시아어, 또는 프랑스어와 독일어를 혹은 한글과 다른 외국어로 비교해서 어느쪽이 정답이 많았나를 비교하는 것이나 마찬가지로 비교 그 자체가 넌센스인 것이다. 김문창 씨는 이런 뜻으로 인용했을 것으로 본다.

5. KBS 태백

어느 날 회사로 KBS 태백으로부터 전화 인터뷰 요청이 왔다. 산림녹화사업에 관한 특별프로를 기획중이라 한다.

종전 당시 한국의 임야 면적은 6백70만 헥타르. 국토 면적의 74퍼센트이다. 1995년 현재로는 해마다 신규 황폐지의 발생 면적이 2만 3천 헥타르로, 거기에다 황폐지의

93퍼센트가 영세 사유림이고 보면, 그 복구는 쉬운 일이 아닐 것이며 언젠가는 모두가 사막이 되는 날이 올는지도 모른다고 걱정하고들 있었다. 하늘에서 내려다보는 풍경은 완전히 대머리산의 무참한 모습이었다. 박대통령 시절에 ‘새마을 운동’이 전국적으로 힘차게 뻗어 나가, 그 일환으로 분수제도에 의한 조림사업이 추진되어, 지금은 몰라볼 만큼 어디서나 녹색의 산을 볼 수 있다. 박정권이 남긴 자랑스런 실적인 것이다. 이런 경위를 알고 있는 만큼 한국의 산림녹화에는 남보다 특히 관심이 있어서 KBS 태백의 전화 인터뷰에 응하기로 했다. 질문의 요점을 우선 정리해서 팩스로 보내 줄 것을 부탁해 놓고, 그 요점에 대한 최량의 회답을 준비하고, 상대가 지정한 시간에 맞추어 대기하고 있었다. 황폐지 복구대책은 일제시대 여러 가지로 공들인 현지실험을 조선총독부에서 시도한 적이 있으며, 일본에 도입된 사면혼파공(斜面混播工)이란 것도 그 당시의 성과인 것이다.

지금 하늘에서 내려다보는 풍경은 일본에 뒤지지 않을 만큼 짙푸르고, 지방을 달리며 보는 교외경치도 일본이나 마찬가지로 울창한 수풀로 덮여 간다. 이것은 박대통령의 움직일 수 없는 선정의 하나일 것이다. 이러한 배경이 깔려 있는 인터뷰였으므로 적당한 답변으로 넘어갈 수는 없는 일. 일본의 관행과 그것에 따른 성과를 평가하지 않으면 안 된다. 일본인 스태프를 동원해서 최량의 제안을 준비했다. 인터뷰는 약 30분 못 미쳐서 끝났다.

자료작성에 동원된 스태프는 그후의 경과가 알고 싶은 것이다. 사람 마음은 비슷하여 '인터뷰가 방송되었는가. 반응은 어떠했나. 방송의 비디오 테이프는 보내왔는가' 궁금한 것들을 물어온다. 그러나 여기에 대답할 말이 없다.

이것 역시 함흥차사인 것이다. 그후의 경과에 대하여는 아무런 보고도 없으니 여기에 대답할 말이 없다. 방송인의 무식견과 방송인이란 특권의식에 물든 한국 매스컴의 오점을 엿본 듯한 느낌이다. KBS이거나 SBS이거나 현지 취재기자는 보도한 다음 'KBS ○○○'라든지 'SBS ○○○'라든지 자기 이름을 반드시 말한다. '책임보도'라는 책임을 강조하는 것으로 들리고, 또는 자기 주장으로 보여서 귀에 거슬린다. 한 사람의 방송기자로 자기 이름을 내세우는 보도는 오래 다져진 경력과, 그것을 디딤돌로 하여 비약한 다음 사고에 평형이 잡힌 사람으로 자타가 공인했을 때에야 허락될 수 있는 것. 개인 존중이란 미명 뒤에 숨겨진 방송인의 대중에의 우월감을 나타내는 불손한 행위로 보일 수도 있는 것이다.

그쪽의 시간만이 소중한 것이 아니다. 취재에 응한 측의 선의와 그것을 위해 소비한 시간에의 경의와 사려가 있어야만, 취재기자로서의 상식을 지녔다고 할 수 있을 것이다. 우쭐하는 한국 방송기자는 대중에 봉사한다는 겸허한 의식이 결여되어 있는 듯이 생각된다.

제 2 편
얄미운 일본 사람

1

냄새나는 곳엔 뚜껑을 덮어라

1. 껌둥이〔黑子; 구로코〕

　　꼭두각시 인형극에서 인형을 다루는 사람, 가부키〔歌舞伎〕 연극에서의 교겡가타(狂言方; 광언방), 배우의 후견인 등 의복 위에다 입는 검은색의 무늬 없는 윗도리와 두건. 또는 그것을 입는 사람을 껌둥이라고 한다. 가부키 연극이란 에도시대부터 흥행할 수 있게 된 연극으로 인형극과 구별해서 하는 말이다. 광언〔狂言; 교겡〕이란 대사〔臺詞; 세리후〕와 극적 행동이 함께 어우러진 일본의 전통여술로, 광언방이란 그것을 행하는 배우를 말한다. 가부키 배우가 무대 위에서 이리저리 움직일 때마다 껌둥이가 쫓아다니며 의복, 기타 사소한 일들을 돕는다. 당연히 눈에 거슬리지만 껌둥이는 보이지 않는 것으로 약속이 되어 있는 것이다. 그러려니 하고 배우의 연기를 보고 있는 동안에 껌둥이의 움직임이 보이지 않게 된다. 배우의 연기 덕일 것이다. 만일 껌둥이에게 계속 신경이 쓰인다면, 그것은 배우의 연기가 부족하거나 보는 사람이 가부키에 대해 소양이 부족한 것이 된다. 중국의 경극과 비슷하여 양식화된 대사·칼싸움 등으로 이루어져 있으나, 경극이 떠들썩하며 변화무쌍하고 악기들이 울리는 화려한 칼싸움인 것에 반해, 가부키는 피리와 장구로 장단 맞추는 사람이 있을 뿐 전체적으로 차분한 분위기이다.

보이는 것을 보이지 않는 것으로 하는 약속은 과연 일본다운 것으로, 이런 류의 약속들은 일본 생활에서도 자주 볼 수 있다. 사람이 싫어하는 것은 못 본 척하는 것이 상식으로, 이것을 어기면 남의 흥이나 들추어 내는 사람 취급을 받게 되고, 따돌림받으며 지탄의 대상이 된다. 타인이 수치라고 생각하는 것은 보고도 못 본 척하는 것이 그들의 배려이고, 서로의 사귐을 원활히 하고 있다. 요는 겉만 번지르르한 일본인다운 지혜인 것이다.

'보면서도 보이지 않는 것'을 일본적이라고 하는데, 이 풍습은 확실히 예로부터 있기는 하였으나, 종전 후 더욱 심해진 듯하다. '살기 어려우니까 보고도 못 본 척해 주는 것이 남을 헤아려 주는 마음'이었겠지만, 전후에는 무책임 시대의 표현같이 생각된다.

종전 후 일본의 재건을 짊어진 것은 소화 한자리 세대이다(1926~35년). 전쟁중 배고픔을 겪고 자라난 탓에 전후에는 잘 살아 보려는 것이 활력소가 되어 조국재건에 온몸을 바쳐 왔다. 그것은 그것으로서 훌륭한 일이긴 하나, 그들 자신의 자식들에 대하여는 과보호일 수밖에 없었다. 자신과 같은 비참함을 겪게 하고 싶지 않은 부모의 마음은 알겠으나, 부모로서의 간섭은 일체 않고 아이들이 제멋대로 하도록 방임해 왔다. 전철 안 좁은 공간에서 아이들이 뛰어다녀도, 타인에게 폐끼치는 것은 안중에도 없는 듯 꾸짖지도 않는다. 소화 한자리 세대는 다른 표현을 쓴다면 방임주의, 즉 아이들을 꾸짖은 적이 없는 세대라고 말할 수 있을 것이다. 친권포기이고 부권실추인 것이다.

필자도 소화 한자리 세대이다. 필자가 자랄 때는 부친의 권위는 절대적인 것으로, 생활의 규범은 부친의 꾸짖음과 부친의 삶의 모습을 보면서 몸에 밴 것이었다. 그 위에다 학교의 교사는 부친보다 더한 절대적인 존재로 체벌을 받아도 거기에 불평하는 학부형은 아무도 없었다. 전후 이른바 민주주의가 들어왔고, 더구나 부모의 과보호까지 겹쳐서 교사의 체벌을 받아들이기는커녕 PTA〔사친회. 어린이의 교육적·사회적·경제적 행복을 위해 세워진 미국의 단체〕에서 항의하는 케이스가 속출했다. 교사 권위의 실추인 것이다. 그런 풍조 속에서 아이들은 무서운 것 모르고 아픔을 모르는, 그리고 타인을 배려할 줄 모르는 채 제멋대로 자라 버린 것이다. 참을성도 없고 자기만 편하면 된다는, 즉 남의 생각은 안하고 자기만 아는 인간이 된 것이다. 한때 신인류라는 말을 많이 썼다. 이 세대가 그 시작이 아니었나 생각된다.

"부모는 PTA를 통해 '아이들 보호'라는 명목으로 교사의 권위를 실추시키고, '귀엽다'는 명목으로 실질상 방임주의에 철저하다. 사회적 규범에 견디면서 경쟁 속을 살아가야 할 역량이나 지혜 등이 싹틀 수가 없다"고 하는 것이, 뜻 있는 사람이면 누구나가 가지고 있는 본심일 것이다. 다만 그것을 입 밖에 내므로 해서 풍파가 일어날 것을 두려워하여 입을 다물고 있는 것이 현실일 것이다. 직장의 상사조차도, '신인류'라는 호칭을 이어받아 반은 단념한 표정으로 그러면서 덧난 곳을 만지는 듯한 조심성으로 아랫사람을 상대하고 있으니, 본인으로서는 바로잡아질 길이 언제까지나 열리지 않는 것이다. 그리고 세월이 흘러 사회가 그들 세대에 끌려가게 된다. 무서운 이야기이다. 자유국민사 발행의 《현대용어의 기초지식》 1987년판에 '신인류'의 기재가 있다. 거기에서 인용해 본다.

"신인류: 현대 젊은이상을 지칭하는 말로, 어디서부터 신인류인가 하는 선을 긋기는 어려우나 1960년대의 고도 경제성장기에 태어난 세대를, 그 이전의 세대〔구세대. 구인류. Old Japanese〕와 대비해서 쓰인다"라 하고 "가치관, 행동양식으로부터 언어의 사용법에 이르기까지 전혀 다르다. 일이나 승부에는 물고늘어지는 주의를 갖지만, 퍼스컴(personal computer) 등은 피부감각적으로 받아들이지 않는다는 구인류에 비해서, 신인류는 일에 미친 인간이 되어 움직인다는 것은 생각조차 못한다"라고 지적하고, "구인류가 부지런히 일하여 이루어 놓은 가치관, 계층구조, 경계나 행동 패턴 등에는 전혀 개의치 않고 자신을 대상화하며 연기화할 수 있는 생활 보수주의의 젊은이들"이라고 정의한다.

꾸지람도 듣지 않고 스스로가 지킬 규범도 없이, 이 세상을 살아갈 수는 없다. 그 중에는 타인과 충돌하고 마찰을 일으키며 서로 비비고, 부대끼면서 살아가는 지혜를 깨달아 가는 사람들도 있을 것이다. 한편 낙오되어 불량해지고 마는 사람들도 많을 것이다.

'이지메〔いじめ: 여럿이서 못살게 구는 것〕'의 문제가 학교 교육문제로서 제기된 지는 꽤 오래 된다. 첫째로는 '아픔을 모르는 세대'가 하는 짓이고, 다음으론 PTA라는 과보호집단에 의한 교사 권위의 실추로 해서 생긴 문제일 것이다. 말로 해서 알아듣지 못하면 체벌을 줄 수밖에 없다. 학생이 선생을 찔러죽였다. 절대권위로서의 스승이 폭력 앞에 무방비라는 것은 상상을 뛰어넘는 이야기이다.

이런 종류의 문제가 발생해도 매스컴은 그에 대한 논조를 펴지도 않는다. '민주주의 시대'라는 시대에 역행한다는 사이비 평론가가 두려워 세태에 아부한다. '냄새나는 것에는 뚜껑을 덮는, 무사안일주의'도 이 정도로 철저하게 되면 '나라가 망할 수밖에 없다'고 개탄 않을 수 없다. 젊은 사람에게 그들이 의지하고 설 규범을 제시하고, 좋은 일과 나쁜 일의 한계를 확실히 가르치며 자식이나 부하를 꾸짖는 것, '방임주의와 민주주의를 혼돈 않도록 할 것' 등, 전후 일본은 윤리적으로나 사회적으로 엉망진창

인 것이다. 교육회는 이른바 '일교조(日教祖)' 문제라는
이데올로기 문제와 바꿔쳐서, 교육 본래의 문제에서는 얼
굴을 돌리고 모르는 체 태연하게 지내왔다. 교사 권위실
추 문제를 정면으로 논의한 적이 없다. 가메이 가쓰이치
로〔龜井勝一郎〕나 오오야 소이치〔大宅壯一〕급의 거물 평론
가도 바닥이 드러났다. 괴이함을 자랑하며 함부로 지껄여
대는 무책임한 이류·삼류의 평론가가 잘난 척하는 세상
은, 전후에 변모된 '무사안일주의'의 폐해라 아니할 수
없다. 전후에 '아카마쓰〔赤松〕 망국론,' 즉 산에 적송이 널
리 퍼지면 산이 메마른 증거로 나라가 망한다는 설이 퍼
졌지만, 일본에 오래 살아온 외국인으로서 '무사안일주의
망국론'을 주장하고 싶은 심정임을 어쩔 수가 없다. 먼저
논한 '일본의 속죄전후처리론' 역시 아마도 여기에 근원
을 두고 있을 것이다.

2. 뿌리가꿈

일본에 있어서의 '뿌리가꿈〔根回し; 事前交涉〕'에 대하여
는 서장에서 이미 이야기하였다. 큰 나무를 옮겨심기 1,2
년 전에 그 주위를 파서 곁뿌리의 큰 것과 본뿌리를 남기
고, 그외의 뿌리를 잘라 버리면 솜털 같은 뿌리들이 돋아
나오고 옮겨심기 쉽게 된다. 어떤 일을 쉽게 실현시키기

위하여 미리부터 주위의 각 방면에 공작을 해놓는 일을 비유해서 말한다.

조직이 작을 때는, 이 '뿌리가꿈'이란 일본의 습관은 일을 원활하게 운영하는 데 효과가 있다. 조직이 커짐에 따라 '주위의 각 방면'은 차츰 부담이 되고, 어느새 조직 내에 파벌이 생기게 된다. 사장파·전무파·부사장파 등. 사내가 하나로 뭉치지 못하고, 회사운영이 원활하지 못하게 된다.

겉차림을 위해서는 역원회가 오픈되어야 하므로 '뿌리가꿈'에 손이 미친 곳뿐 아니라, '뿌리가꿈'에서 제외된 곳까지 자료를 제출해 두어야 한다. 말은 않지만 토론하고 있는 안건이 누구의 손길이 미친 것인지 서로가 짐작으로 알고 있다. 따라서 토의는 안건 그 자체의 시비가 아닌 파벌싸움의 색채를 띠게 되고, 뒤로 움츠러들게 된다. 표결함에 있어서 만일 그 안건이 채택되어 실행에 옮겨졌을 때도, 나는 일단 보류했었다는 제스처를 은근히 드러내고 싶어한다. 그 안이 실패로 돌아왔을 때, '그러니까 그때 나는 보류했던 것이다'라는 증거로 삼고 싶은 것이다.

한 컨설턴트회사가 남의 손에 넘어갔다. 그쪽으로 넘어간 주가 실은 전사장의 주였다는 사건이 최근에 있었다. 전사장이라는 사람은 그 회사 창립자의 한 사람으로 너무 독선적이어서 사내에 많은 적을 만들어, 결국은 파벌

에서 밀려났기 때문에 그 화풀이로 주를 팔아 버렸다고
한다. 일의 실현을 원활히 하려는 '뿌리가꿈'이 파벌을
가지게 되는 경우에는, 오히려 그 파벌간의 틈새를 더 깊
게 한다는 예상치 못한 결과를 낳은 것이다. 본심을 감춘
채 겉차림만을 위한 뿌리가꿈은 이렇게 더욱 음침하고
험악한 속마음 떠보기가 되거나, 또는 반대를 위한 반대
라는 악순환을 거듭하게 된다.

본심은 감추고 겉차림으로 원만히 해결한다 해도, 결국
은 감정을 가진 인간사회의 일인지라 '뿌리가꿈'의 효과
도 한계가 있는 것이 당연하다.

3. 사쓰마 한〔薩摩藩〕의 류큐지배〔琉球支配〕

류큐가 오키나와 현이라고 불리게 된 것은 제2차 세계
대전 후 미국으로부터 본토 복귀를 허용받고 나서부터이
다. 1609년 이후는 사쓰마 한 시마즈〔薩摩藩 島津〕에 정복
되어 사쓰마 한의 속국으로서 그의 지배를 받게 되는데,
그 지배수법이 특이해서 아마도 이것이 일본적 지배의
일면인가 싶은 내용이 있어 오야 소이치〔大宅壯一〕 저
《불길은 흐른다. 명치와 소화의 골짜기 3》(文藝春秋 刊)
속의 〈류큐 출신자의 충성심〉·〈양속성과 류큐의 비운〉에

서 발췌하여 소개한다.

　류큐에서 모든 무기를 철거한 것은 상진왕(尙眞王) 시대(1447-1526)라고 하니까, 일본이 전쟁포기의 '평화헌법'을 제정한 때보다 4세기나 앞서는 것이다. 원래 류큐는 논밭이 적고 자원도 부족한데다가 태풍의 통로에 있기 때문에 산업다운 것은 거의 발달하지 않았으므로 무역에 의존할 수밖에 없었다. 조지 H. 가의 《류큐의 역사》에 의하면, 당시의 나하〔那覇; 오키나와의 수도〕는 아시아 각지에서 생산되는 귀금속, 진귀한 나무, 향료, 염료, 고급 직물, 도자기, 상아 등 비싼 물자의 중계항으로 번영하고 있었다. 현재의 홍콩과 같은 역할을 하고 있었던 것이다. 류큐에서 무기가 완전히 자취를 감춘 것은 경장(慶長) 14년 (1609) 사쓰마 한에 정복되고부터이다. 정복이라 하지만 원래 무기를 갖지 않는 나라라서 아주 쉽게 점령하고, 상녕왕(尙寧王) 이하 정부수뇌 1백여 명을 포로로 잡아 사쓰마로 데려갔다. 포로의 처분에 관해서 도쿠가와 막부에 뜻을 물으니, 소국이지만 일국의 왕을 포로로 한 전례가 없다고 하여, 막부는 크게 시마즈의 공을 포상하였다. 번주 시마즈 요시히사〔島津義久〕는 스스로 류큐 왕을 데리고 이에야스〔家康〕가 있는 슨푸〔駿府; 지금의 시즈오카〕와 에도〔江戶; 지금의 동경〕로 가서 이에야스를 뵈었다. 이로써 일본의 여러 대명 가운데 '외국'에 속령을 가지고 있는 것은 사쓰마뿐이라고 할 수 있다.

류큐의 전수입은 쌀로 환산하여 9만 4천 석, '공물'로
사쓰마에 바치는 연공은 1만 2천 석이 채 안 되니 일본
국내의 소명 정도밖에 되지 않는다. 류큐의 가치는 그런
데 있지 않고 무역에 있다. 그것도 주로 중국을 상대로
류큐의 이름으로 행해지는 밀무역에 있다.

류큐를 정복해 본들, 산업다운 것이 없는 이 섬을 착취
해 본들 뻔한 것이다. 매력은 '진공(進貢)'이라는 명분으
로 행해 온 대중무역인데, 이것은 류큐 왕의 독점이라는
형태로 되어 있으므로 왕정을 폐하고서는 이것을 계속할
수가 없다. 일본 국내에서도 해외무역은 막부의 독점이며
여러 번에는 허용되고 있지 않으므로, 사쓰마로서는 밀무
역기지로서, 또한 이것을 위장함에 있어서도 류큐는 시마
쓰번의 재정을 조달하는 생명선이 되고 있었던 것이다.
류큐에서 바칠 공물을 싣고 중국으로 가는 배를 '진공
선'이라고 하며, 대만의 맞은편 해안에 있는 복건에 이르
러 그곳에 있는 '류큐관', 즉 류큐의 출장소에서 우선 숨
을 돌리고 육로로 북경까지 갔다. 왕복비용은 모두 중국
측 부담이며, 가는 곳마다 대단한 환대를 받았다. 그뿐 아
니라 이 거래를 '당일배(唐一倍)'라고 해서 확실히 10할
(割) 이상의 이익이 났었다.

한편 류큐 왕의 즉위식이 있을 때마다 '관선'이라 하여
왕관을 실은 배가 중국에서 왔다. 여기에는 중국 황제의
칙서를 가지고 오는 '책봉사'라는 사람이 수행하였다. 그

들 일행은 정부사(正副使) 이하 시종·호위병등 3,4백 명, 많을 때는 7,8백 명이 일단(一團)이 되어 위풍당당하게 입국하였다.

'관선'이 류큐에 당도하여 사절단이 체재하고 있는 동안에는, 그때까지 뽐내고 있던 사쓰마의 관리들은 중국 사람의 눈에 띄어서는 곤란하므로 완전히 모습을 감추어 버리는 것이었다. 보력(寶曆) 6년(1756. 청의 건륭 21년) 5월 23일자 고문서에는 다음과 같은 지시가 내려진 것으로 기록되어 있다고 한다.

1. 대화연호(大和年號), 일본인의 성명, 대화서적, 기물에 이르기까지 당인에게 트집잡힐 것은 깊이 감추어둘 것. 〔大和＝야마토. 일본의 별명〕

이에 더하여 천보(天保) 2년(1836)의 지시에는

1. 야마토 풍속을 드러내지 않도록 서로 조심할 것.

경응(慶應) 2년(1866)의 지시(指示)에 이르러서는

1. 남자들에 관한 사항. 마와시 차림을 하면 당인들이 비판을 할 터인즉, 관선이 머무는 동안 나하〔那覇; 수도〕에 출입할 때에는 하카마〔일본 남자 정장의 하의〕를 입을 것. 그렇게 할 수 없다면, 살갗이 노출되지 않도록 의상을

착용하라는 지난해의 지시를 굳게 지킬 것.

'마와시'는 훈도시〔남자의 음부를 가리는 긴 천으로 된 삽바〕를 말한다. 이런 아슬아슬한 곡예를 하면서도 사쓰마가 류큐의 이름으로 대중무역을 계속하고 있었다는 것은, 그만큼 대중무역이 사쓰마의 재정을 윤택하게 해주고 있었다는 것이다. 그렇다 하더라도 대중무역에서 얻는 이익은 금액으로 볼 때 대단치 않았다. 그러나 류큐라고 하는 해외무역 창구를 장악하고 있다는 것은 사쓰마 한에만 허용된 대단한 특권이었다. 이 창구를 통해서 사쓰마는 공공연하게 밀수를 계속할 수가 있었던 것이고, 수익은 막대한 것이었다.

오오야 씨는 '사장의 정부(情婦)인 OL을, 과장급이 알면서 건드린 것과 같다'라고 비꼬고 있다. 이자야 벤다산이 어디에선가 '일본인은 상인이다'라는 의미의 말을 한 적이 있는데, 그것이 상인의 교활함을 가리키는 것이라면 타당하다고 말할 수 있다.

본심은 감추고 겉차림〔建前: 다데마에〕만으로 일을 끝내려고 하는 것도, 아마 이와 같은 교활함에서 오는 것이 아닐까.

4. 술잔치〔酒盛り〕

일본 사람은 툭하면 술잔치를 좋아한다. 좋은 일이었거나 나쁜 일이었거나 거의 매번 술잔치가 따라다닌다. 첫 대면이라도 함께 술좌석에 앉다 보면 마치 오랜 친구인 양 느껴지는 것은 신기한 노릇이다.

필자는 산사태 관련 컨설턴트회사의 창립에 참여하여 1986년부터 오늘에 이르고 있는데, 회사창립 후 약 10년간은 1년 365일 중 250일은 현장출장을 다녔다. 현장을 알기 위해서였다. 그곳에서 현(縣)직원을 대상으로 강의를 하고 저녁에는 간담회를 갖게 되는 일이 많았다. 낮에 강의가 끝난 다음 "질문은?" 하고 말해도 누구 하나 질문하는 사람이 없다. 간담회에서 술이 어느 정도 돌고 난 다음에 술잔을 올리러 온다. 술잔을 받다 보면 한 잔으로 끝나는 것이 아니고 두 잔 석 잔이 된다. 2,30명쯤 상대하다 보면 두세 되는 마신다는 계산이 된다.

이 술자리가 공부가 되는 것이다. 술이 돈 덕에 질문이 튀어나온다. 세상에서 무엇보다 무서운 것은 아마추어의 질문인 것이다. 제 딴에는 잘 알고 있다고 생각했었는데도 대답할 수 없는 일이 제법 있다. 그 질문을 동경으로 가지고 가서 다시 공부한다. 이런 생활을 반복하면서 10년을 보냈다. '아마추어의 질문만큼 무서운 것은 없다'는 것이 필자의 입버릇으로, 학회발표의 사내 리허설에서는 언제나 가장 아마추어 같은 질문을 던지곤 한다.

술은 백약의 장이라고 하는데, 건강을 위해서뿐 아니라 황금을 털어놓는 데도 크게 도움이 된다. 일본 사람과의 술자리에서는 법석을 떠는 일이 거의 없다. 둘러앉아서의 술자리는 일본 사람에게서 본심을 알아내는 가장 좋은 찬스인 것이다.

1970년 대만정부에 초빙되어 산사태조사기술에 관련된 연수회 강사로서 40일간의 일정을 위해 대만으로 향했다. 연수회장은 지도〔溪頭〕라고 하는 해발 2천7백80미터의 피서지로, 말하자면 구름 속에 있어 세탁물이 마르지 않는다는 곳이다. 전국에서 엄선된 정부직원 약 70명이 참가했다. 낮에는 현장실습, 밤에는 강의와 실내작업이라는 하드 스케줄이었다. 산뜻한 일본 음식에 길들여진 사람에게 있어 기름진 중국 음식은 소화불량을 일으키게 되고, 나흘 먹고 나서 사흘은 굶는 리듬이 되고 만다. 아무것도 먹지 않고는 강의를 할 수가 없다. 아침·점심·저녁 맥주 한 병씩을 마신다. 드디어는 '알콜엔징'이라는 별명을 얻었다. 어느 날 청강생 대표가 방으로 찾아와 '달구경을 가시지요' 한다. 추석달인 것이다. 식사도 술도 몸에서 받지 않는 상태였지만, 일부러 데려가 주려고 온 사람을 함부로 거절할 수 없어 결국 따라 나섰다. 잔디 위에 삥 둘러앉아 모두가 기다리고 있었다. 놀랍게도 각 사람 앞에는 캔 주스 하나와 다과 한 봉지씩만이 놓여 있었다. 술이라고는 자취도 없었다. 한 사람이 일어서고 다음 사람이 일어나고 순서대로 돌아가며 여흥을 한다. 그것이 실로 유쾌하여 저녁 여덟 시부터 열두 시경까지 여흥에 취하여 마음껏 밝은 달을 즐겼다. 일본에서는 상상도 할 수 없는 광경이다. 사람마다 숨은 재주를 한두 개씩 가지고 있다. '그렇구나, 이런 식으로 즐기는 법도 있구나' 하고 너무나 감탄했다.

이야기가 옆길로 샜지만 겉차림, 겉차림만의 일상생활로는 너무나 스트레스가 쌓일 것이다. 어디에다 본심을 털어놓을 것인가. 아마도 속을 줄 수 있는 몇 사람의 동료와 대폿집 탄불을 둘러싸고 소곤소곤 지껄이며 마음을 풀곤 할 것이다. 본심을 숨기고 산다는 것은 힘든 일임에 틀림없다.

5. 종으로만 통하는 제도〔タテ割り 制度〕

전항 (4)의 '술잔치'에서 이야기한 대만에서의 장기연수회의 바로 전해에, 역시 같은 주최자의 초빙을 받아 약 2주간에 걸쳐 산사태 사방현장시찰을 했다. 대북으로부터 시작해서 대중·대남·대동을 돌아 화련을 마지막으로 다시 대북으로 돌아가는 일정이다.

대북으로 돌아가는 전날 주최자측의 대표가 화련까지
마중 나와 주었다. 화련에서 대북으로 가는 비행기 속에
서 소감을 물어왔다.

"당신들의 위원회는 매년 세계적인 산사태 전문가를 초
빙해서 현지시찰을 안내하고 그 코멘트를 받고 있다. 나
도 오늘 밤 코멘트를 완성하여 제출하고 내일 저녁 편으
로 일본에 돌아갈 스케줄이 잡혀 있다"라고 전제하고,

"그런데 그 코멘트들은 어디에 활용되고 있는가. 내가
보기로는 어떤 곳에도 활용되고 있지 않다. 받아 놓기만
하고 아깝지 않은가. 유명한 학자를 초빙하는 것도 좋지
만, 그들이 남긴 코멘트를 받을 그릇을 마련하지 않는다면
몇 년이 걸려도 대만의 기술은 신장될 수 없을 것이다."

그러자 그가 "내일은 자유시간인데, 오전중에 시간을 내
어 줄 수 없겠는가?" 한다. OK 했다. 다음날 아침 마중 온
차로 가서 보고, 너무나 깜짝 놀랐다. 2,30명의 사람들이
테이블에 앉아 있다. 어제 그때부터 전국에 수배하여 정
부관련 각분야의 전문가들을 한자리에 모아 놓은 것이다.

연수회를 열게 되면 강사로서 와줄 수 있겠는가. 준비
할 조사 연수기재는 무엇무엇인가. 연수기간은 며칠이면
좋겠는가. 계속 질문을 해온다. 조사기재로는 값이 제법
나가지만, 적어도 탄성파탐사기 한 대와 전기탐사기 한
대는 필요할 것이라 했더니, 여기저기서 손을 들며 '그것
은 우리가 부담하겠다'는 식으로 그 자리에서 가결이 되
고 만다. 마지막으로 '그들 기기를 연수회 후 어디에다

관리시킬까’ 하는 회장의 발언에 대하여는, ‘대만국립대
학에 기부하면 된다’ 하며 즉석에서 결정하고 말았다.

일본의 경우에는 성청간에 옆으로 연계되는 일은 드물
고, 종으로만 통하는 제도가 철저해서 도저히 이렇게는
진행될 수 없을 것이다. 한편 그만큼 성청간의 경쟁심리
가 작용하여 기술기준 및 기타 개선을 촉진하는 효과도
있는 반면, 쓸데없는 소모도 제법 있게 마련이다. 견원지
간의 느낌이 들게 하는 사태도 가끔씩 볼 수 있다. 산사
태에 관한 기술기준도 성청간에 크게 달라서, 제출된 컨
설턴트의 보고서의 내용도 극단적으로 다를 때가 있다.

성청간에 종으로만 통하는 제도를 말한다면 중국에서는
훨씬 더 심하다. 일본의 성에 해당하는 것이 중국에서는
부인데 각 부 아래에 연구소·공장·상사 등이 있어, 그것
자체가 독립된 자기 완결형의 조직으로 되어 있고, 각 부
간의 교류가 없다. 각기 주물공장·기계가공공장 등 비슷
한 공장설비를 가지고 있어, 국가 규모의 프로젝트에는 따
로따로 입찰에 응해서 낙찰된 부가 모든 것을 마련한다.
대학도 마찬가지로 독립된 입찰권을 가지고 있다. 산사태
방지사업은 국토보전을 위한 공공사업이므로 적어도 이
분야에서만이라도 한 체계로 모아지는 것이 바람직하다.

2

정이 들지 않는 일본 사람

1. 묻어둔 불씨 (Ⅰ) —원수갚음

(註: 이때의 원수갚음이란 사람을 죽이는 것을 말한다.)

일본의 '우즈미 비〔埋み火〕'란 재 속에 묻은 숯불을 말하는 것으로, 밤에 잠들기 전에 숯불을 재 속에 묻어 놓고 다음날 파내어 숯을 더 얹으면 다시 피어나게 되는, 불씨를 꺼지지 않게 하려는 생활의 지혜이다.

도쿠가와 막부시대〔德川幕府時代〕에 세자가 없으면 일가단절이란 엄한 관습이 있었다. 대명〔大名; 넓은 영토를 가진 무사〕의 서자라도 언제 후계자가 끊길지 모르는 상태이므로 세상으로부터 숨겨서 키웠다. 말하자면 재에 덮인 불씨인 것이다. 숨겨 키워지는 입장에 있는 사람에게는 여간 힘든 일이 아니다. 언제까지나 햇빛을 못 볼 수도 있는 경우로서 한평생을 숨어 살아야 한다. 그저 한둘의 시중드는 사람만으로, 버려진 망아지 같은 인생을 살아야 한다.

일본에 와서 얼마 안 되었을 때 같은 제목의 소설을 읽었다. 누구의 작품이었는지는 지금 찾아낼 자신이 없다. 스기모토 소노코〔杉本苑子〕의 같은 제목의 작품은 수중에 있으나, 이것은 지카마쓰 몬자에몬〔近松門左衛門〕의 생애를 다룬 것으로 그 작품과는 전혀 다르다. 다만 산 사람을, 가문을 위해서 만일에 대비하여 숨겨서 키운다는 그 집념이랄까, 생활의 지혜랄까, 그것에 크게 감동했던 느낌만이 언제까지나 마음에 남아 있다. 아니 그것은 감동이라기보다는 일본 사람의 끈질긴 집념에 대한 몸서리치는 공포였다.

일본에서 인기 높은 공연 중에 충신장(忠臣藏)이 있다. 일의 발단은 '동역간의 행동 관례와 상역에의 뇌물'이었다. 칙사의 심부름꾼인 35세의 아사노 다쿠미노가미〔淺野內匠頭〕에게는 모든 것이 낯설고 서툴다. 상역인 기라 고우즈케노스케〔吉良上野介〕로부터 이것저것 선례를 들어야만 한다. 또한 관례상 상역인 기라 고우즈케노스케에게 상납을 해야 한다. 이 과정에서의 시행착오로 하여 칼 다툼이 되고 말았다. 때를 기다리기 1년 9개월, 주군의 원수를 갚고 나서 오오이시 구라노스케〔大石內藏助〕를 필두로 하는 아카오 로우시〔赤穗浪士〕 47명이 주군의 묘〔고륜의

천악사〕앞에다 원수의 목을 바친다는 아카오 로우시의 습격 사건. 일의 발단으로 보아 사원(私怨)에 가깝다.

여기에서 필자가 무서워하는 것은 때를 기다리기 1년 9개월이라는 원한에 대한 집념이다. 바로 이것이 재에 묻은 불씨인 것이다.

원수갚음이란 풍습이 있다. 주군이나 부모를 죽인 사람을 죽임으로써 보복하는 것으로 중세·근세에 성행하였다. 이가 고에아다우치〔伊賀越仇討〕는 유명한 이야기인데, 이것은 야규 쥬베〔柳生十兵衛〕에게 칼쓰는 법을 배운 에도 시대〔江戶時代〕 초기의 검객 아라키 마타에몽〔荒木又右衛門〕이 부인의 동생 와타나베 가즈마〔渡邊數馬〕를 도와서, 그의 동생 겐다 로〔源太郞〕의 원수 가와이 마타고로〔河合又五郞〕를 죽이는 이야기이다. 주군이나 부친이 아닌 처제의 원수를 죽이는 것으로, 풍습이라고는 하나 이런 종류의 원수갚음이 바로 얼마 전인 명치(明治) 6년(1873) 태정관포고(太政官布告)로 금지되기까지 공공연히 이루어졌다는 것을 어떻게 이해해야 할지 필자는 도저히 알 수가 없다. 이 뿌리가 되는 것도 역시 묻어둔 불씨와 비슷한 집념이었을 것이다.

이와 비슷한 이야기가 중국에도 없는 것은 아니다. 저 유명한 와신상담(臥薪嘗膽)이란 고사가 바로 그것이다. 와신상담이란 "중국 춘추시대 오나라 왕 부차가 월나라 왕 구천을 죽임으로써 부친의 원수를 갚으려고 항상 장작더미 위에서 고통을 참으며 잠을 잤고, 또한 구천은 오나라를 쳐서 회계의 치욕을 씻으려고 때때로 간을 씹으며 보복의 기회를 노렸다는 고사로부터 나온 말로서, 복수를 하려고 오랫동안 마음과 몸의 고통을 참는 일"이라고 《광사원》에 나와 있다. '이런 뜻에서 장래의 성공을 위하여 오랫동안 온갖 어려움을 참고 견디는 일'인 것이다. 원한을 간직하고 살아가는 어려움을 이야기하는 것이지, 미담으로서의 원수갚음을 말하는 것이 아니다. 중국과 일본과의 차이가 여기에 있는 것이고, 중국에서는 일본의 '묻어둔 불씨' 같은 음침한 집념은 느껴지지 않는다.

2. 묻어둔 불씨 (Ⅱ)—일본의 근대화

일본의 에도 막부〔江戶幕府; 무가가 다스리던 정권〕는 미국의 군함과 포성의 협박에 못 이겨 결국은 쇄국정책을 풀고 개국을 하게 된다. 이른바 1853년의 우라가〔浦賀〕 사건이다. 조선은 그 일본에 의한 군함과 포성의 협박으로 결국은 쇄국을 풀고 개국하게 된다. 즉 강화도 사건인 것이다. '가깝고도 먼 나라'로서의 한국과 일본의 관계는, 이 강화도 사건이 그 발단이 된 한일합방에 그 원천이 있는 것이다.

우라가 사건에 관해서는, 예를 들어 야마오카 쇼하치〔山岡莊八〕의 《소설 명치천왕》에 생생히 묘사되어 있어, 여기에서는 이 우라가 사건의 일부와 그 사건을 본보기로 하여 일본이 행한 강화도 사건의 개요를 김희명(金熙明) 저 《흥선대원군과 민비》(1967년. 洋洋社)로부터 인용해서 소개한다.

1) 우라가 사건

군함과 포성으로 협박당해, 결국 개국하기에 이르기까지의 소란은 일본이나 조선이나 다를 것이 없다. 일본은 자기들의 쓴 경험을 본떠서 그대로 조선에 적용하였고, 조선 조야의 갈팡질팡하는 모습을 의기양양한 얼굴로 바라보고 있었으리라. 일본의 상황을 야마오카 쇼하치 작 《소설 명치천황》으로부터, 그 생생한 묘사를 인용해 둔다.

구로부네〔黑船〕 오다

가영(嘉永) 6년 6월 3일…….
이날이야말로 우리들 일본 사람의 선조 모두가, 사상 유례가 없는 얄궂은 삐에로 노릇을 하게 된 숙명의 날이었다고 할 수 있다. 그날까지 일본 사람은 외선의 근해 출몰을 경계하여 양이(攘夷)라는 둥 국방이라는 둥 시끄럽게 떠들어대긴 했지만, 아직 정말로 그것을 두려워하지도 않았고 그의 정체를 정확히 알고 있지도 못했다.

세계사에 그 예를 찾아볼 수 없는 2백50년에 걸친 평화가 일본 사람 전체를 다시 없는 호인물로 만들어 주고 있었을 것이다. 누구나가 이쪽에서 쳐들어갈 마음이 없는 한 외부로부터 무력으로 위협받는 일은 없을 것이라고 마음 깊이 착각하고 있었다. 사가미〔相模〕 만에서 에도〔江戶〕 만의 입구 근처까지 해상은 굉장히 짙은 안개가 끼어 있었고, 그 안개비 속에서 여러 척의 어선은 부지런히 고기잡이에 열중하고 있었다.

그 안개가 걷히기 시작했을 때, 문득 위를 쳐다보니 이상한 물건이 죠가시마〔城ヶ島〕 앞바다로부터 이쪽을 향해 오고 있는 것이 아닌가.

"……야, 저것 좀 봐. 저게 무얼까. 저 까맣고 커다란 것 말이야."

"……배다! 새까만 커다란 배다. 돛대가 둘……. 아니, 배 뒤쪽에도 하나가 더 있다."

신기한 것을 좋아하는 어부들은 일손을 놓고 근처의 어선을 소리쳐 부른 것이 최초였다.

……중략……

계속해서 우리 미우라 미사키〔三浦三崎〕의 경비선 열 척이 한 대가 되어 바다로 배를 저어갔다.

"서라, 거기 서라."

사람들은 외치면서, 그러나 그것은 전혀 흑선〔黑船: 구

로부네)에게는 무시된 채 순식간에 거리가 멀어졌다. 아마
도 어선들이 흑선을 보고 겁에 질려 도망 가자 도망 가자
하며 멀어진 듯하다……. 그렇게 해석한 것은 그 경비선
에 타고 있던 파수꾼의 보고였을 것이다. 그들에게 있어
이 흑선은 더할 수 없이 난폭한 정체불명의 괴물이었음
에 틀림없다.

　　……중략……

　그런데 이 네 척의 흑선은 외국의 영해를 침범하면서도
그들은 안중에도 없다는 듯, 거침없이 에도 만으로 들어
와서는 육지로부터 10리 정도 된 곳에서, 이번에는 유유
히 우라가를 향해 접근해 오는 것이다.
　'……도대체 저것은 무엇 때문에 온 배일까?'
　'……때에 따라선 이대로 에도까지 쳐들어오려는 속셈
이 아닐까.'
　보자니 네 척에다 모두 무시무시한 군인과 대포를 싣고
있으며, 더구나 네 척의 배가 각각 끈을 내려 심도를 측
량하고 있는 것이다.
　'……이것은 보통배는 아닌데.'
　상대가 류큐에서 실험이 끝난 위혁항법(威嚇航法)을 되
풀이하고 있으므로, 아무리 둔한 사람이라 해도 정오쯤
되기까지에는 상대의 적의가 이쪽 가슴에 와닿지 않을
수가 없다.
　'……이상한 흑선이 나타났다.'

그때까지 얼이 빠져 있던 우라가 포대에서 처음으로 두 발의 봉화가 쏘아올려졌을 때 배는 우라가 마을로부터 4킬로미터, 포대로부터는 1킬로미터 정도의 해상을 달리고 있었다.

봉화의 소리 또한 음향만은 대포와 비슷하다. 지금까지의 파수꾼의 경험으로 보아 어떤 배라도 그것으로 정지했던 것이다.

그러나 네 척의 배는 그런 것에 전혀 상관없이 그로부터도 더욱 앞으로 나와 우라가 마을과 포대의 중간인 우라가 앞바다와 가모이무라〔鴨居村〕 앞바다에 걸쳐, 보란 듯이 정지해 있다.

당황해서 또 한 발의 봉화를 올렸다. 이번에는 배를 세우라는 신호라기보다는, 마을과 포대 쌍방에다 대고 포구를 일렬로 늘어 놓은 네 척의 배의 배열에 놀라, 큰일이 일어났다는 위급을 알리는 봉화였다.

분노의 소용돌이

가영(嘉永) 6년 6월 12일.

그들이 돌아가는 모습을 보려고 이른 아침부터 우라가의 해변도 산등성이도 인산인해였다. 그런 환경 속에서도 그들은 뜸을 들이듯이 여간해서 닻을 올리려 하지 않았다. 이때쯤 해서 도저히 참을 수 없게 된 봉행〔奉行: 정무를 분장하여 하나의 부국을 담당하는 사람〕은 다시 한 번 가야마 에이기에몬〔香山榮左衛門〕을 보내서 독촉하려고

했다. 그때가 되어서야 겨우 그들은 움직이기 시작한 것
이다.

　……중략……

　그리고 그들이 사라져 버림과 동시에 일본 국내에서는
전혀 새로운 열풍이 일어나기 시작했다. 이 바람은 그때
까지 불기 시작했던 근왕[勤王; 임금이나 왕실을 위하여
충성을 다함]이나, 좌막(佐幕) 들과 같은 사상의 바람과는
전혀 성질이 다른 것이라고 말할 수 있다.
　그때까지도 존재하고 있던 쇄국에 대한 회의나 국체에
의 반성 등의 이런저런 미풍을 한꺼번에 '양이의 열풍…'
으로 변모시켜 버린 것이다.
　바꾸어 말하면, 페리에의 증오가 여러 가지 입장이나
감정에 우선해서 모든 일을 한 방향으로 통일시켜 버렸
다고 할 수 있다.
　그런 의미에서 페리는 일본에겐 대은인인지도 모르겠
으나, 미국 합중국으로 보면 적어도 충성위대한 제독은
아니었던 듯하다. 왜냐하면 그로부터 1백 년 후에 일어난
대동아 전쟁까지 그 사실은 역사적 사실로서 일부 일본
사람 사이에서는, 미국 불신의 마음으로 계속 남아 있게
되었기 때문이다.

드디어 오는 것

페리가 인솔한 미국 함대의 선봉은 류큐를 출발해서 다시 일본을 향해 항해하였다.

페리의 부장이며 참모장이기도 한 아담스 중좌가 나하 만을 출발한 것은 1월 4일, 이어서 페리도 10일에는 일본을 향해 닻을 올렸다.

이번 총세력은 군함 7척이었다.

이 보고는 일본을 온통 들끓게 하기에 충분한 숫자였다. 그 전해의 4척으로도 그같이 어려움을 겪은 일본인 것이다. 용감히 양이론을 주장해 온 사람들도 두려움에 떨며 입을 다물고 말았다.

꽃과 대포

페리 제독이 포하탄호[이것은 당시 기함으로 바뀌어 있었다]로부터 큰 보트에 옮겨 타는 것을 신호로, 마세도니아호로부터 17발의 축포가 터졌다. ……(후략)

페리는 실로 인류에게 귀중한 문헌을 남겨 주었다고 할수 있다. 이것이 전혀 무저항인 일본 사람에 대한 유럽 문명의 친절이었으므로, 그들이 일단 지구를 점령하기 전에 지구의 이곳저곳에서 무엇을 했는가를, 이것은 가장 큰 웅변으로 증명해 주고도 남음이 있었다. 페리가 상륙하면서 최대한으로 일본 사람을 놀라게 하려고 음악대가 연주를 시작했다. 백과 청 복장의 수병들이 들어올리는 총검들이 숲을 이루고 햇빛에 반사되어 눈이 부시다…. 그리고 페리가 응접소에 들어감과 동시에 다시 한 번 가나가와〔神奈川〕 앞바다에선 은은한 포성이 들려 왔다.

페리의 포성 21발, 하야시 다이가쿠가미〔林大學頭〕에 대한 예포 17발, 일본 사람이 포성을 가장 무서워한다는 것을 염두에 두고 이때까지 울린 축포는 모두 해서 55발. 누군가가 '유럽 문명이란 55발의 축포이다'라고 꼬집어 말한 것은, 과연 아픈 곳을 찌른 빈정거림이었다.

이렇게 해서 양자간에 무엇이 어떻게 이야기되었는지는 다시 말할 필요도 없을 것이다.

1854년 '동해의 군자국으로서의 자부와 도의를 깡그리버리고, 도쿠가와 막부는 안정화친조약을 맺고 도쿠가와 막부의 조법인 쇄국을 풀게 되는 것이다.

2) 강화도 사건

운양호 오다

강화도란 경기도 서해안 강화만에 있는 섬으로 수도 서울의 사진(四鎭)의 하나로, 말하자면 서울의 목젖 위치에 있다.

고종(高宗) 12년(1875, 명치 8년) 8월 21일(음력) 일본 군함 운양호를 강화도 동남쪽 난지도 부근에 정박시켜 놓고, 함장 이노우에[井上馨] 소좌가 해병 수십 명을 이끌고 보트로 강화도 동남쪽에 있는 초지진 포대를 탐색했다. 초지진 요새의 수비병은 통고 없이 침입해 온 이 낯선 배에다 포격을 가했다. 운양호는 때를 기다렸다는 듯이 함재포(艦載砲)의 맹사격으로 응전하여 초지진 포대를 박살냈다. 한 걸음 더 나가 운양호는 후퇴하면서 건너편 영종도까지 맹공격을 가하고는 육전대[陸戰隊; 육군]를 상륙시켜 방화·살육을 감행했다. 이것이 이른바 강화도 사건이다.

당시 조선은 철저한 배외쇄국주의(排外鎖國主義)를 고집하고 있어, 불·영·미를 배격하고 러시아와의 통상도 거부하며 일본과의 수호도 배척하고 있었다. 강화도는 그 전에도 1866년 프랑스 함대의 공격[병인양요], 1871년 미국 함대의 공격[신미양요]을 받았으며, 그것을 격퇴한 다

음 당시 집권자인 대원군〔고종의 부친〕은 1871년 '양이침
범비전즉화. 주화매국〔洋夷侵犯非戰則和. 主和賣國〕'이란
척화비를 전국 팔도 사도에 건립하고 배외쇄국사상을 철
저히 외쳐대고 있었다.

　운양호에 의한 강화도 사건은 '무력으로써 외교 교섭을
응원가세한다'는 것을 목적으로 하여 조선 쪽의 포격을
기대하는 계획적 양동작전이었다. 명치유신〔明治維新.
1868년〕이래 일본으로부터의 수호통상의 제의를 계속 거
부해 온 조선에게 무력에 의한 위압, 혹은 그것을 위한
구실을 주기 위한 것이다. 1853년 6월 3일 미국의 페리가
이끄는 군함 네 척의 위협을 받고 나서, 다음해인 1854년
도쿠가와 막부〔德川幕府〕가 조법인 쇄국을 푼 지 22년 일
본은 우라가의 예를 본떠서 강화도를 공격한 것이다.

　강화도 초지진 포대를 박살내고 영종도를 불태워 버린
운양호는, 전리품으로 포 38문을 빼앗아 나가사키〔長崎〕
로 돌아갔다.

　운양호의 함장 이노우에 소좌가 나가사키에서 중앙정
부에 보낸 영종도 분쇄의 전보에서 "일본은 몇 년간의 체
증이 싹 내려간 듯 후련하다……. 마치 강가에 배가 온
것이다……. 하늘로부터 기막힌 선물이 쏟아져 내렸다. 이
와구라(岩倉)・오꾸보(大久保)를 중심으로 한 점진주의
내각도 일이 여기에 이르렀으니, 위로는 천자에 보답하고
아래로는 만민에게 보상하는 날이 온 것이다." (기쿠치 겐

죠,《菊池謙讓 ‘近代朝鮮史’》) 강가에 배, 천외낙래의 호하
물[天外落來の好下物; 하늘에서 좋아하는 물건이 떨어지다]
이란 이런 양동작전의 성공을 의미한다.

무력을 배경으로 한 외교 교섭

고종 9년(1872년, 명치 5년) 9월 일본 정부는 외무대신
하나부사를 군함 춘일 두 척과 함께 부산에 파견하여 군
사적 시위를 벌이면서, 그동안 조선의 대마도에 대한 세
견선제도(歲遣船制度)를 폐지하고 교역범위를 확장한다는
뜻을 일방적으로 선언하고, 일본의 관리를 초량관[草梁館;
대마 도주의 부산 출장소]에 주재시키는 강행수단의 조치
를 취했다.

뒤에 나오는 종장 ‘가깝고도 먼나라’ 3의 (2) 전중파에
대한 서술에서, 명치유신 성립 후에 신정부가 작성해서
조선에 보낸 인사장과 관련해서, “이 정도의 인사장인 것
이다. 그런데 이것을 보고 서울의 정부가 크게 노했다.
……중략…… 현대의 한국 사람이나 일본 사람이 읽어본
다면, 어디를 보고 왜 화를 냈을까 상상도 못할 것이다”
라는, 시바 씨의 코멘트를 인용하고 있다. 그러나 당시의
조선 정부가 왜 화를 냈는지 확실히 이해하고 넘어가지
않으면, 한국 사람의 일본 사람에 대한 불신감의 근원을
찾지 못하고 말게 된다. 여기에 대한 사정을 조금 더 설
명해 둔다. 전항에서 말한 일본의 우라가 사건과 비교해
서 읽어 주었으면 한다.

일본의 신정부가 조선에 보낸 인사장으로서의 국서에는, '황상등극(皇上登極)하고 만기(萬機)를 친재(親裁)하며,' '주변국가들과 선린의 관계를 맺고 싶다. 즉 정관평화사절을 보내 이로써 구곤〔舊悃; 옛 문턱〕을 넘어 찾아뵙고 싶다'라는 구절이 있으며, 또한 대마 도주 무세〔宗義達〕로부터의 부한(副翰)에는 '칙(勅)'의 자를 썼다.

당시의 조선은 종장 3의 (2) '전중파'에도 나오지만 청국을 상국으로 모시며, '황이라면 청국의 황제를 뜻하고, 또한 칙이란 이 황제의 조칙으로서, 일본에서 조선으로 보내는 문서에는 이런 문자를 쓰지 않았다. 조선은 이런 점을 책망하여 '서계격식전규(書契格式前規)가 틀렸다'고 하며, 이 일본에서의 국서를 받아들이지 않은 것이다.

이 조선측의 주장에는 그것 나름대로의 이유가 있었다. 말하자면 지금까지의 대마 도주와 조선과의 교섭에 있어서 쓴 도장은 조선으로부터 대마 도주 무세에게 하사한 것으로, 종래의 서계에는 이 도장을 쓰게 되어 있었기 때문이다. (야마베 겐타로,《일한병합소사》)

요는 동래·부산의 관헌을 위시하여, 그때까지의 조선 조야 일반의 인식으로는 일본의 정체변혁으로서의 '유신'을 이해 못하고 있었다. 그런데 어느 날 갑자기 서계 격식이 전규와 다른 문서가 날아오나 했더니, 다음에는 서양식의 화포를 쌓은 군함을 거느리고 서양옷을 입고 일방적으로 협박까지 해온 것과 같은 것이다. 1866년의 병인양요, 1871년의 신미양요 이래, 서양 및 '음사기완(淫邪奇玩)'한 문물을 배척하고, '내수외양론(內修外攘論)'과 '양물금단론(洋物禁斷論)'이 유림 등에 의해 주장되고 있던 당시로서는, 이 광경은 '왜양일체론의 근거로서 일반 서민에게도 쉽사리 납득되었을 것이다. 당시의 조선으로서는, 일본의 개국은 구미 제국에의 굴복, 일본의 개국 요구는 구미 제국의 앞잡이가 된 일본이 조선 개국을 요구하는 것으로 받아들여진 것이다. (야마베, 전게서)

부산에 설치된 왜관은 이씨 왕조가 선의로 설치하여, 일본이 조선이나 중국과의 유대관계를 가질 수 있도록 해 준, 말하자면 문화문명의 창구인 것이다. 그 창을 통해서 중국이나 조선의 문물이 일본에 전해졌고, 또한 대마번에 있어서는 무역의 창구가 되기도 했다. 일본 속담에 '처마 끝을 빌려 주니 안채까지 빼앗는다'라는 말이 있는데, 지금 경우가 바로 그것이고, 선의의 창구를 설치해 주므로 해서 안채까지 넘보게 하는 사태가 되고 만 것이다. 나라라고 하는 것도 개인개인으로 이루어지는 것, 인간이란 자기의 선의를 악용당했을 때 가장 격분하게 되는 것으로, 빌려 준 처마 끝을 언제까지나 잊을 수 없는 것이다.

무력을 배경으로 한 불평등조약의 강요

고종 13년(1876. 명치 9년) 1월 6일 구로다 기요다카(黑田淸隆)를 전권대사로 하는 일곱 척의 군함 일행은, 강포하게 강화도를 위협하여 조약 12건의 초록 책자를 조선 측에 제시하고는 무력을 배경으로 불평등조약, 이른바 '강화조약〔병자수호조약〕'의 체결에 성공했다. 즉 일본 정부는 이런 조약사항에 무지하며, 또한 등한시해 왔던 조선의 당국자에게 일찍이 자기 나라가 마셨던 미일조약〔美日條約; 페리에 의한〕의 고배를 그대로 조선에다 써먹은 것이다.

"일본 자체에 대하여 말한다면, 일본의 안정조약의 개정이 이 강화도조약 체결 때에 이미 큰 문제로 제기되어 있었다. 그 불평등조약을 당시의 후진국인 조선에다 강요한 것이니, 실로 어처구니없는 이야기가 아닌가"라고 야마베 겐타로 저 《일한병합소사》에서 말하고 있다.

조선의 한

불평등조약으로서의 강화도조약의 체결과 그에 따르는 한일합방, 조선민족의 착취, 거기에다 제1차 세계대전이 연합군의 승리로 끝날 것이 명백해진 단계에서, 미국의 윌슨 대통령이 주창한 '민족자결원칙'에 고무되어 전국적으로 봉기한 1919년 3월 1일의 조선독립운동〔3·1 운동이라 함〕에의 무차별·무자비한 진압은 조선민족의 한으로 가슴에 피멍을 맺게 했다.

일본은 합방한 조선을 발판으로 하여 만주·중국에의 확대정책에 매진했다. 1854년 안정화친조약의 미국 강요 이후 묻어둔 불씨로 계속 타들어가던 일본인의 한은, 군

비 확장과 때를 맞추어 22년 후의 강화도조약으로 다시
불타오르게 된다. 이 과정이 일본의 근대화의 발자취이며,
일본의 지식인들이 이를 두고 유교적인 체제에서 빠져
나온 일본 근대화의 과정이라고 하는 것도 이 때문이다.

3. 답례품과 더치페이

더치페이란 식사 같은 것을 함께 한 다음 식대를 각 사
람수로 나누어 각기 지불하는 것을 말한다. 더치페이란
유독 일본에만 있는 풍습이 아니고, 영어로 'Let's go
Dutch〔나누어 지불하자〕'라 하는 것으로 보아 적어도 네
덜란드에서는 당연한 일일 것이다. 한국에서는 더치페이
가 없었다. 필자는 일본에 와서 얼마 안 되었을 때, 이 풍
습에 익숙지 못해 위화감을 가졌던 적이 있다.

답례품이란 어떤 사람에게 물건을 받았을 때, 그것을
갚으려고 다른 선물을 하는 것을 말한다. 백중〔百中; 음력
7월 15일〕과 연말의 선물은 한국에도 비슷한 것이 있으나,
일본같이 철저하지는 않은 듯하다. 대학 때 신세진 은사
께 최근 30년간 계속 연말 선물을 보내고 있다. 그 중에
서 빼놓지 않고 답례품을 보내 주시는 선생님이 한 분 계
시다. 이런 경우 선물을 보내는 것이 오히려 폐가 되지

않나 생각되기도 한다. 그래서 어떻게 할까라고 궁리하고 있는 동안 선생님으로부터의 답례품이 먼저 도착하기도 한다.

　생각해 보면 일본에서의 답례품이나 더치페이는 상대에게 꿀리고 싶지 않다든가, 마음속의 빚을 지고 싶지 않다는 생각에서 하는 것인 듯하다. 기분상으로 빚을 갚고 마음 개운해지고 싶은 생활의 지혜로 보인다.

　빚이 남아 있지 않으니까 정도 쌓이지 않는다. 일본에 산 날들이 어언 50년. 답례품과 더치페이에는 지금도 익숙해지지 못하고 있다. 흉금을 털어놓고 이야기할 친구가 한 사람도 없다. 이것은 필자의 마음가짐이 나쁜 탓도 있겠지만, 그것을 받아 주려 하지 않는 듯한 태도가 상대방에 있는 것 같기도 하다.

　그러고 보니 설날 일본 사람 집에 초대받은 적이 한번도 없다. 설이라고 고국에 돌아가는 것도 아니고, 학생 때는 두 개나 세 개의 동시상영 영화관에서 시간을 보내곤 했다. 이것 역시 내가 사람 사귈 줄을 모르는 탓일 수도 있다. 어쨌든 일본 사람에게는 정이 들지 않는다. 되돌아보면 일본에 와서 일본에 눌러앉았으면서도 정을 나눌 친구 하나 없다는 것은 쓸쓸한 일이다. 내 자신이 그런 식으로 살아왔는가, 그렇게 될 수밖에 없었는가. 일하며 살아온 일본에서의 반세기에 가까운 과거를 떠올리면서,

일에다만 정열을 불태우며 살아온 자신의 업 같은 것을 느낀다. 두보의 시에 '사람은 관 뚜껑을 닫았을 때에야 모든 것이 정해진다'고 했다. 더치페이나 답례품에 익숙지 못한 채 언젠가 일본을 떠나가려는 자신을 되돌아보며 뉘우침에 가까운 감상에 빠진다. 그리고 미국이 아니고 왜 일본에 유학 온 것인지, 그 죄와 함께 그때 가서 결정이 날 것이다.

4. 얌체학자

얌체학자란 스스로도 모르는 것을 타인에게 가르치고 업자를 등쳐먹는 등, 요는 학자라는 신분을 이용하여 학자답지 못한 행위를 하는 사람을 말한다.

일본의 경우 민간인보다는 대학 재직자를 높이 평가하는 풍습이 있다. 미국에서는 신분보다는 학식을 높이 평가한다. 슈란벨자 연구소라고 하면 석유개발을 위한 모든 기기를 육대륙에 수출하고 있는 대기업으로, 전세계의 코어 보링을 보유하고 있는 것으로도 유명하다.

코어 보링이란 지중의 암석에서 채취한 암심을 말하는 것으로, 석유의 저장 여하를 판단하는 데 있어 없어서는 안 될 자료인 것이다. 미국에서 슈란벨자에 대해 물으면

"아, 그 프랑스 사람 말입니까?" 하고 친근하게 말한다. 그는 그 연구소의 오너이며, 대학에서도 교편을 잡고 있어 높은 평가를 받고 있다. 미국에서는 대학과 민간기업 간의 인재의 교류는 보통 있는 일이라고 한다.

한편 대만의 자이 현에 아리 산이라는 관광명소가 있다. 해발 3천9백52미터. 산림철도가 산정 부근까지 통해 있고, 정상에는 호텔도 있으며, 관광객은 거기서 일박하고 다음날 새벽 건너편 옥산〔玉山; 옛날의 新高山〕의 일출을 맞게 되어 있다.

관광 이야기는 이만해 두고, 그 산중턱부터 아래쪽이 대규모의 산사태 지역으로 당국도 손을 못 쓰고 있다. 필자도 거기에 안내되었다. 비탈길이〔斜面長〕가 1킬로미터는 되고, 산사태 면의 깊이도 5,60미터는 될 듯하다. 산중턱에 산사태 이동을 관측하는 계기〔計器; 파이프변형계〕가 설치되어 있어서 현 직원이 정기적인 관측을 계속하고 있다. 산사태 이동계는 보링으로 사태 면보다 더 깊이까지 땅 속으로 구멍을 뚫은 다음, 산사태 이동을 감지하는 센서〔변형계〕를 첩부한 염화 비닐파이프를 삽입해서 설치한다. 보링의 심도는 얼마나 되느냐고 물으니 20미터라 한다. 그렇다면 이동계가 산사태 면보다 위에 떠 있다는 말이고, 산사태가 감지될 리가 없다. 틀림없는 설계 미스이고, 관측이 될 리가 없다. 현지에서 이런 사실을 지적할 수도 없었다. 일본의 K대학 교수진의 지도로 설계한

것이고, 이미 1년 이상 관측을 계속해 왔다고 한다. 설계 미스라고는 도저히 불쌍해서 말해 줄 수가 없다. 이 파이프 센서의 수명은 보통 1,2년으로 얼마 안 있어 관측이 불가능하게 될 것이기도 해서 아무런 코멘트도 남기지 않고 현장을 떠났다. 이렇게 적당히 넘겨 버리는 기술지도가 있어서는 절대 안 될 것이고, 이런 짓을 하는 학자를 일본에서는 얌체학자〔學者ごろ〕라고 부른다.

　일본 O대학의 교수로 유전도법(誘電導法)에 의한 지하탐사장치를 연구하고 있는 사람이 있어서 산사태학회 등에서 발표를 하고 있다. 지중의 구조를 추정하기 위한 것으로, 어떤 특성곡선을 기본으로 하여 지중구조의 이상을 탐지하도록 되어 있다. 특성곡선이 서너 종류 얻어진 단계에서, 대만의 현장에 적용된다고 한다. 서너 종류의 특성곡선으로는 현지해석에 견디어 낼 수 없으리라고, 두 사람만의 자리에서 지적했더니 "뭐, 쓸 수 없어도 쓸 수 없다는 것이 알려질 때까지는 4,5년은 걸리는데 뭐"라고 전혀 개의치 않는 듯 말하는 데는 정말이지 놀라고 말았다. 얌체학자의 전형인 것이다.

　국제교류란 명목으로 이런 종류의 학자가 외국에 나가게 된다면, 나라의 신용을 떨어뜨리고 말 것이다. 그리고 이런 종류의 학자가 제법 있는 것이다. 일본의 학문이나 기술수준이 높다는 평가를 악용하고 있는 사람들로, 이들도 일종의 볼도(佛徒)이면서 불법(佛法)에 해를 끼치는 사람들이라 할 수 있다. 상대를 우습게 아는, 용서할 수 없는 학자로서 자리를 같이할 수 없는 패거리인 것이다.

5. 핵가족

핵가족이란 부부와 그의 미혼의 자녀로 이루어진 가족을 말한다. 근대화가 이룩되면서 어느 나라에서나 핵가족화의 경향이 점점 커진다. 이러한 사정은 일본도 한국도 마찬가지이다.

다만 일본인의 경우 가족에의 정이 엷은 듯하다. 대학 때의 은사 한 분이 84세로 돌아가셨다. 말기 암이다. 아들은 나고야에 살고 있어 동경 자택에는 부인과 손녀딸만의 세 식구뿐이다. 부인은 다리가 부자유스러워 병원 간병은 불가능하시고, 손녀는 대학 재학중이므로 이 또한 간병은 무리이다. 이런 경우 한국에서라면 며느리가 간병했을 것이다. 그러나 하지 않는다. 마침 선생님이 입원하신 병원이 필자의 집 근처라 집사람이 낮 동안에 간병하기도 했다. 필자도 회사에서 돌아오는 길에 한 번씩 병원에 들른다. 언제 가봐도 가족이라곤 아무도 없다. 소파 위에는 위문객의 명함과 꽃다발이 놓인 채로이다. 일본의 사방공학에 큰 업적을 세운 훌륭하신 선생님으로, 위문객은 많으나 본인은 진통제 주사로 의식이 몽롱한 채 정신이 없으시다. 어느 날 집사람에게서 회사로 급한 전화가 왔다. 바로 병원에 달려가 보니 혈관주사의 관이 빠져서 혈액이 역류하여 조금만 지체했어도 출혈과다로 돌아가실 뻔했다는 것이다. 나고야의 아드님에게 전화를 했다. 집사람이 간병으로 병원에 잡혀 있는 것은 괜찮으나, 그래도 역시 가족이 누군가 곁에 있어야 하지 않겠느냐고 했더니 "알았습니다. 아내를 보내겠습니다"라는 답변. 집사람 하는 말이 다음날 며느리가 병원에 잠시 얼굴을 내밀고 긴자에 쇼핑 나갔다고 한다. 동경에는 하루도 묵지 않고 나고야로 돌아갔다. 얼마 후 사모님으로부터 전화를 받았는데 병원에서 위독하다는 연락이 왔다고 한다. 급히 택시로 떠났으나, 그날 따라 도로가 혼잡하여 15분이면 갈 수 있는 곳을 30분이나 걸려서 갔다. 병원에 도착하니 이미 선생님은 임종하신 후였다. 그 전에도 위독상태가 한 번 있어 그때에는 손녀가 달려왔다고 한다. 다만 병실에 들어서자마자 "이것 안 되겠는데" 하며 외출하여 만화책을 사가지고 왔다 한다. 인간은 누구나 죽는다. 84세면 천수라 할 수 있으리라. 하지만 가시는 분을 아쉬워하는 마음은 혈육일수록 강할 것이다. "이것 안 되겠는데"란 그렇게 쉽게는 돌아가시지 않으리라는 의미인 듯, 심한 쇼크를 받았다. '답례품이나 더치페이'에서 일본 사람은 마음속에다 빚을 지고 싶어하지 않는다고 했지만, 이 경우는 '어차피 인간은 죽는 것'이라고 달관하고 있어서 일까. 사람 사귐에서는 상냥한 듯하지만, 일본 사람은 심정

적으로는 냉정한 인종인지도 모른다. 핵가족화가 점점 퍼
져 가는 이 무렵 마음속으로 찬바람이 스쳐 가는 듯하다.
그때 그때만의 말만 부드러운, 그러면서도 정에 끌리지
않는, 얄미운 인종이란 인상을 버릴 수가 없다.

3

얄미운 일본 사람

1. 생각해 봅시다

일본에서는 상담 등에서 '생각해 봅시다'라는 표현을 잘 쓴다. '모나지 않게 원만히 끝내고 싶은' 일본적인 거절방법이다. 말 그대로 받아들인다면 '언젠가 소식이 오겠지'라고 생각하는 것이 당연하나, 날이 가고 기다려도 아무런 소식이 없다. 이런 식으로 말의 뉘앙스가 다름으로 인한 트러블이 제법 있다.

중국에서도 얼굴을 맞대고 직접 거절하지는 않는다. 답변을 흐리게 하고, 그 뒤처리를 하지 않는다. 어떤 결과가 나올지는 시간이 지나서야 알게 된다.

한국인은 논리적이어서 '예스'인가 '노'인가의 직접적

인 답변을 한다. 또한 상대방에게도 그것을 요구한다.

　서로가 처음에는 당황하기도 하지만, 이런 식의 상담을 계속하는 동안에 서로 익숙해지고, 또한 상호간에 차츰 가까워지게도 된다.

　미국 사람들은 값을 교섭할 때 'This is our best price' 하며 더 사정해 볼 틈조차 주지 않는다. 상담 등은 오히려 단도직입적인 거래 쪽이 서로의 오해도 없고, 결과적으로 쌍방이 만족할 만한 결과를 가져오는 일이 많은 것이다.

　상담뿐 아니라 일상적인 업무에서도 '생각해 봅시다' 라는 표현을 많이 쓴다. 받아들이는 쪽으로토선 '생각해 봅시다 했으니 아마 안 될 것이다' 라고 납득하게 된다.

　백화점 같은 데서 "○○ 있습니까?"라고 물으면, 일본에선 "죄송합니다. 우리는 취급하지 않는데요. ○○에는 있을지도 모르겠습니다"라고 정중하게 대답한다. 한국에선 "없습니다." 중국에선 '메이유〔沒有〕.' 손님으로선 어느쪽이 듣기 좋은지 말할 것도 없을 것이다. 기본적인 것은 발뺌하려는 것이 아니고, 상대를 배려해 주는 마음가짐인 것이다.

　중국 이야기가 나온 김에 에피소드 한 가지 소개하고자

한다. 대도시에는 외국인 상대의 우의상점(友誼商店)이라는 가게가 있다. 고급품이 구비되어 있고 매장도 널찍하다. 지금은 달라졌지만 3,4년 전까지만 해도 일반의 인민원으로는 물건을 살 수 없었다. 외국 사람이 호텔이나 은행에서 외국의 돈으로 교환한 태환권밖에 쓸 수 없다. 판매담당 여자 종업원은 한쪽에 모여서 수다를 떨고 있다. 손님이 오면 자못 귀찮다는 듯이 이쪽으로 온다.

진열장[쇼윈도] 속의 물건을 보여 달라고 하면 겨우 꺼내 보여 준다. '팔아 주고 있으니까요'라는 것이 그녀들의 생각인 듯하다. 두 개째를 보여 달라고 하면 험악한 인상이 된다. '세번째 것'이라고는 도저히 말도 꺼낼 수 없는 분위기이다. 그러던 것이 놀랄 만큼 변했다. 지난번 올림픽 개최지로 입후보한 다음 북경의 도로는 1,2년 사이에 모두가 입체교차로로 바뀌고, 판매원의 태도도 완전히 달라졌다. 우의상점의 약국에 가서 "○○ 있습니까?" 물으면, "메이유" 대신 "손님은 어디에 묵고 계십니까? 괜찮으시다면 어디에서 팔고 있는지 알아보고 연락해 드리겠습니다"라고 한다. 달라지려면 달라질 수 있는 것으로, 그 대답이 호텔 프런트에 제대로 와 있는 것이 아닌가.

'곳[장소]이 바뀌면 문물도 바뀐다'로, 결국 오랜 사귐을 통해서 서로의 습관의 차이를 조금씩이나마 익혀 가는 수밖에 없을 것이다.

2. 할복자살

　여기에서 말하려는 것은 평안(平安) 말기 이후 무사가 자결하는 경우의 풍습인 할복이다. 에도 시대 무사에게 주어진 사형으로서의 할복이 아니라 '죽음으로써 스스로의 결백을 증명한다' 또는 '죽음으로써 속죄한다' 라는 일본의 독특한 사고방식이다. 전후 여러 번의 의옥(疑獄) 사건·오직(汚職) 사건·증수뢰(贈收賂) 사건 등이 있었다. 그때마다 경리담당이나 사건의 열쇠를 쥐고 있는 말단의 직원이 자살하고 있다. 그 죽음으로 해서 속죄되는 것은 무엇일까 하고 외국인으로서의 필자는 늘 생각한다. 만일 자살한 본인의 잘못이라면, 그 잘못을 시정하고 나서 사표를 낸다든가 자살하든가 해야 한다. 그냥 죽는다는 것은 잘못의 시정이나 책임을 타인에게 전가시키는 것뿐이 아닐까라고. '죽음으로써 깨끗해진다' 는 풍습이 일본에는 있다. 외국인으로서는 '얼토당토않은 물벼락이다. 남에게 폐를 끼치는 일이다' 라는 인상을 강하게 받는다.

　어쩌면 상사(上司)를 감싸 주기 위한 자살일는지도 모른다. 아니, 이것이 이런 종류의 자살의 대부분이 아닐까 의심하게 된다. 부정의 심부름을 했다. 상사의 명령이니 아니할 수 없다. 즉 먹고 살기 위해서는, 그리고 종신고용이 일본의 관례이고 보면, 현재의 직장을 유지해야 하고, 그를 위해서는 '부정이 탄로났을 때에는 자신이 스스로의 목숨을 끊는다'라는 각오를 해야만 한다는 말인가. '죽음을 각오한 취직'이란 있을 수 없는 것이다. 이런 점이 필자에게는 도저히 납득이 안 간다.

죽음은 동정을 불러일으킨다. 그것만은 확실하다. 그 동정에 의지해서 문제의 부정사건을 적당히 얼렁뚱땅 넘기고 싶다는 말인가. 확실히 열쇠를 가진 당사자가 죽어 버리면 사건의 추구는 좌절될 수도 있는 것이다. 그렇다면 본인의 자살은 결백의 증거도 무엇도 아니고, 다만 부정사건에 한몫은 한 어리석은 소행 이상의 아무것도 아닌 것이다.

이런 종류의 자살이 자취를 감추지 않고 있다. 역시 죽음을 결백으로 생각하는 일본 특유의 미학에 의한 것이리라. 노벨문학상 후보에 여러 번 오른 미시마 유키오〔三島由紀夫〕가 청년운동조직인 '다테노카이〔楯の會〕'를 조직하고, 도쿄 시내 근처에 있는 육상의 자위대 총감부를 습격한 다음 자위대의 궐기를 촉진하는 연설을 하고 나서, 대낮에 할복자살을 했다. 평범사의 세계대백과사전에 의하면 "프랑스 심리주의 문학에의 도취와 오스카 와일드풍의 이교적 유미주의, 그리고 고전 그리스의 전아한 미에의 동경을 가지고, 고백과 풍속 묘사를 주조로 하는 일본 근대문학의 전통적 방법을 타파하고자 함이며, 그 기조가 되고 있는 것은 일종의 심미적 니힐리즘〔허무주의〕인 것이고, 항상 밝은 태양 아래의 건강함과 죽음이 표리일체가 되어 있다"라고 했다.

미시마 유키오는 특히 맑게 다듬어진 감성의 소유자로, 획일적으로 논할 수는 없으나 죽음에 대한 일본적인 미학이 존재하는 것만은 틀림없는 사실인 것 같다. 이 미학과 '묻어둔 불씨'의 사상이 합쳐졌을 때, 일본인의 강한 끈기와 뼛속까지 스며드는 냉기가 생겨나는 것 같다.

3. 감성이 섬세한 일본 사람

일본은 사계절의 구분이 명백하고 '제철의 물건'이 나온다. 온실재배가 많아져서 사철을 통해 식품이 풍성해진 요즈음에는 철마다의 것의 감개는 줄었지만, 그래도 철이 바뀔 때마다 신선한 그해 계절의 맛이 식탁을 장식한다.

사계절이 거듭되는 중에서도 벚꽃 전선(前線)과 단풍 전선은 일본에만 있는 진귀한 현상이 아닐까 한다.

벚꽃 전선은 벚꽃[소메이요시노]의 개화일을 연결한 선으로, 3월 24일경부터 시작하여 하루에 약 30킬로미터의 속도로 북상한다. 시코쿠[四國]에서 관동 남부는 3월 31일, 북부는 4월 25일, 동북 남부는 4월 10일, 북부는 4월 25일, 북해도 남부는 5월 10일경. 고도차로는 1백 미터마다 2,3일씩 늦다.

　단풍 전선은 역시 단풍이 시작한 날짜를 연결한 선. 10월 상순, 홋카이도(北海道)를 시작으로 11월 하순에 규슈 남부에 까지 남하한다.

　일본에 예로부터 내려오는 문화로 다도(茶道)와 꽃꽂이(生花)는, 특히 세련된 형식을 따른다. 우선 다도인데, 일본에 있어서의 다도의 역사는 《끽다양생기(喫茶養生記)》를 발표한 영서선사(榮西禪師)로부터 시작되었다고 한다. 영서선사가 중국으로부터 가져온 차는 가마쿠라(鎌倉) 시대 초기, 절을 중심으로 재배되어 주로 약용으로 마셨다고 한다. 가마쿠라 시대 말기 약으로 마셨던 차를 차츰 기호음료로 좋아하게 되고, 나아가 무로마치(室町) 시대에 와서는 도우차(鬪茶)라고 불리며, 산지를 알아맞히는 사교적인 모임으로 유행하게 된다. 도우차의 유행과 더불어 도구에도 관심이 커지고, 중국제의 '당물(唐物)'이라 불리는 고급 차도구까지도 널리 퍼지게 된다. 이런 도구를 진열한 건물은 '서원조(書院造)'. 여기서 즐기는 차를 '서원차(書院茶)'라 부르게 되었다. 15세기 후반에 와서는 당물 전성의 서원차 대신 '와비차(侘び茶; 와비란 閑居를 즐기는 마음을 말한다)'가 생겨났다. 와비차의 원조, 무라다는 선과 차를 한데 묶어, 그때까지의 당물의 장엄함이나 완성된 미를 부정하고, 당물을 일본에서 만든 차도구인 화물과의 조화 속에서 살려내려 했다. 와비차의 원조인 무라타(村田洙光)는 화물을 썼고, 다음을 이어받은 다케노

〔武野紹鷗島〕는 고려물을 썼으며, 차의 완성자인 센 리큐〔千利休〕는 거의 화물을 채용하여 복잡했던 다데마에〔点前: 차를 달여 손님에게 대접하는 법〕를 간략하게 하고 쉽게 구운 찻잔을 쓴다거나, 한 평 내지 반 평의 작은 방을 쓰고 차실과 차도구에 와비의 분위기를 창작했다. (차의 작법입문, 차문화보급연구회) 현재의 중요한 유파는 무네모리〔宗守: 종수〕를 원조로 하는 무샤고지 센게〔武者小路千家〕, 센 리큐〔千利休〕를 원조로 하는 오모데 센게〔表千家〕, 무네무로〔宗室〕를 원조로 하는 우라 센게〔裏千家〕, 고보리 엔슈〔小堀遠州〕를 원조로 하는 엔슈 류〔遠州流〕의 네 계보가 있다.

꽃꽂이의 가장 오래 된 간행서는 《병에 꽂는 꽃전서》〔抛入れ花傳書, 1684〕로, 그후 생화가(生花家)는 계보를 따라 이에모도〔家元〕제를 굳건히 지키며 많은 유파를 형성하였고, 18세기에는 엔슈 류·고류를 시작으로 해서 17개의 유파가 서로 그 세다툼을 하여 왔다.

다도도 그렇고, 꽃꽂이도 그렇고, 그 특징은 많은 유파로 갈라져 있는 것으로 아마도 이것은 이름과 형태, 그리고 사상의 계승면에서는 한 치의 차이점도 허락하지 않겠다는 미에 대한 예리한 감성 때문인 것이다. 그리고 그 감성에는 일본의 뚜렷한 사계절이 주는 계절감의 영향이 그 밑에 깔려 있을 것이다.

필자가 이런 류의 일본 문화를 생각할 때 마음속에 떠오르는 일본인상은 조용한 별채에 앉아 좌선(座禪)을 하고 명상에 잠기며, 연못에서 솟구치는 잉어의 소리에 귀 기울이는 모습인 것이다.

그리고 명상에 잠긴 심상에 떠오르는 것은 묻어둔 불씨로써 감추어진 혼네〔本音〕와, 그것을 견디어 내는 수행 방법은 아닐는지. 차도 그렇고 꽃꽂이도 그렇고, 그것은 형식미이며, 형식미에 정이 없다고는 않겠지만 다른 사람과 자기와를 분별하기 위한 차디찬 눈인 것 같은 생각이 든다.

아는 분의 부인으로 서도와 하이쿠에 열중하고 계신 분이 있는데, 언젠가 글씨와 하이쿠로 꾸며진 훌륭한 출판물을 필자에게 보내 왔다. 서도는 사범급이고, 하이쿠도 여러 번 입선했다는 데는 놀라울 뿐이다. 그 책 속에 자기의 남편을 읊은 하이쿠가 몇 편 있었다. 구절로써 읊으려면 대상으로부터 거리를 두지 않으면 안 되리라. 말하자면 비판적인 관찰의 눈일 테고, 그런 눈으로 보여지고 있는 남편의 입장은 어떤 것일까. 남의 일이긴 하나 문득 섬뜩한 생각을 했던 기억이 난다.

4. 국립대학의 규제에 여성교관 '반란'

1998년 2월 28일 동경신문 석간에 모켈교 쓰쿠바 대학에 관한 표제의 기사가 실렸다. 〈학교 내의 집회, 포스터, 선전지 여전히 체크, '허가제'를 바꾸지 않으면 학생을 무기력하게 한다〉라는 부제가 붙어 있다. '무사안일주의의 일본에서 살아오면서 울적한 심정이던 필자에게 있어선 새삼스레 옛 친구를 만난 듯 신선한 감동을 받았다.

'학교의 과외활동'을 관리하고 '대학 분쟁의 방파제의 역할을 해온 허가제를 재검토하고 '신고제로 변경하자'며, 유학생 센터의 엔도 호마레〔遠藤譽〕 교수(57세)가 손수 위원을 맡고 있는 '후생보도심의회'에다 학생규칙의 개정안을 작년 10월 제출했다.

엔도 씨는 "자유로운 표현행위를 검열하는 등의 규칙이 오랫동안 학생의 자주성과 창조성을 손상시켜 왔다. 허가제로 해서 학원의 평화를 지킬 수는 있었으나, 그 대신 얻어진 것은 학생의 무기력과 판단력의 손실이 아니었는가?"라고 말한다.

엔도 씨의 제안은 10월부터 12월에 걸쳐 세 번 논의의 대상이 되었다. 관계자의 말을 종합해 보면 별로 활발한 논의가 있었던 것은 아닌 듯하다. 몇 사람의 교관이 '현재 상태로 별문제 없다'라는 반대 의견이 있었던 것만으로, 대학의 위원은 침묵했던 것이다.

'찬동자가 적다'라는 부학장의 판단으로 논의는 중단되고, 이 달 중순의 재제안은 '이미 해결된 문제'로 취급되어 문제로서 논의조차 되지 못했다고 한다.

이 일로 해서 생각나는 것은 1965년(소화 40년)대의 동대분쟁문제이다. 당시 1963년경, 필자는 박사과정의 최종과정에 있었고 분쟁의 주체대표가 각 연구실의 교수에게 질문사항을 제출하여, 서면답변을 요구했다. 필자가 기억하는 한 서면에 의한 회답은커녕, 한번도 문제시조차 하지 않았던 것으로 안다. 그로부터 1,2년 후 대학 내 분쟁이 발생하고, 대학교육은 도탄에 빠졌다. 아침에 교수가 출근해 보면 교수의 책상은 복도에 내팽개쳐져 있고, 교수실은 분쟁학생에게 점거당했다. 분쟁에 동조하는 조수들도 제법 있었다.

학위논문의 심사를 교수회에서가 아니라 학생집회의 다수가결로 정하는 등 학위라는 상아탑의 권위가 땅에 떨어진 상태였다. 필자는 조예(造詣)가 우리 민족보다 많이 앞섰다는 일본에 유학 와서 외국인으로 살고 있으며, 일본정치에 관해서 이러니저러니 말참견할 입장에 있지 않다. 다만 학문을 무엇이라 생각하는가. 이렇다면 도저히 조예가 우리 민족보다 앞섰다고 인정할 수는 없지 않겠는가.

그 이후, 이른바 적군파〔일본 테러단체〕 사건이 발발하
여 일본을 온통 뒤흔들어 놓았다. 필자가 '일본정치에 관
해서 이러니저러니 참견할 입장에 있지 않다'라고 하는
것은, 한 나라의 역사에 대하여 이러쿵저러쿵 말할 수 있
는 것은 그 역사를 살아온 사람에게만 허락된다는 기본
적인 생각에서인 것이다. 적군파는 그후 일본에서 쫓겨나,
외국에다 이른바 그들 생각 위주의 혁명적 방식을 수출
했다. 텔아비브 사건 등 눈 뜨고는 볼 수 없는 것들이다.
말도 안 되는 일이다. 그들에게 기본적으로 결여되어 있
는 것은, 역사라고 하는, 민족이 살아 이어 왔으며 또한
살아남기 위하여 투쟁해 온 것에 대한 겸허한 자세인 것
이다. 아픔을 모르는, 자기 마음대로 살아온 무궤도한 전
후의 무사안일주의의 폐해인 것이다. 국제적으로 도저히
용서될 수 없는 일인 것이다. 쉽게 살아가는 방법밖에 모
르는 그들에게 있어 고전이나 선각자들의 가르침은 알
리도 없고, 대개가 '만화적' 이상의 아무것도 아닌 것이
다. '일본의 속죄주의에 의한 전후처리'와 일맥상통하는
것, 아니면 그의 원죄를 거기에서 보는 듯하다.

여기에 대하여는 다소 덧붙이고 싶은 말이 있다. 동대
학원분쟁의 발단은 필자가 아는 한 당시의 의학부와 산
학협동연구의 제도에 있었던 것으로 생각된다. 학부를 졸
업한 인턴들, 의학생이나 학위논문을 준비할 사람에게 있
어 교수는 생살권(生殺權)을 쥐고 있는 존재였다. 교수에
게 밉보이면 백년이 가도 학위 취득은 바랄 수 없다.

학위 취득에 관해서는 필자 나름대로의 비판을 가지고 있다. 필자의 둘째아들이 동대 교양학부의 기초과학과를 졸업하고, 미국 앨러배마 대학의 버밍햄 대학원에 유학을 갔다. 서류심사만으로 입학허가를 받고 도미했다. 대학원 수업방법이 일본과는 전혀 다르다. 대학원 1년 동안 격주마다 시험을 치러 한 번이라도 60점 미만이면 즉시 퇴학처분당한다. 유학비자로 미국에 갔으므로 퇴학하게 되면 즉시 국외추방인 것이다. 주정부의 예산으로 경영하고 있는 대학이니 공부가 모자라는 인재는 돌보아 줄 필요가 없다는 것이 그들의 논리인 것이다. 학기 도중 일본으로 오게 되면 재진학의 희망은 없다. 부모로선 조마조마할 뿐이다. 1년이 지나 2년에 진학하여 full scholarship(풀 스칼러십)을 받게 되면서 조교수를 포함하여 지도교관 세 명이 연구지도를 담당하게 된다. 일본에서는 '학위는 주어지는 것'이란 통념이 그냥 통하지만, 미국에선 철저하게 교육하고 하루라도 빨리 사회에 환원한다는 교육이념이 철저한 것이다. 연구엔 불필요한 부분이 없고, 학문에 필요한 디딤돌을 항상 제공하고 있다. 일본의 대학원은 1주일에 1,2회 세미나가 있을 뿐 정규적인 수업은 없다. 연구비도 거의 없다. 명목상은 '자주적 연구'라는 것인데, '자주적 연구를 뒷받침해 줄 만한 예산도 없다'는 것이 실상이고 보면, 학위제도 그 자체에 대한 문부성정책을 재고해야 할 시기에 와 있는 것으로 보인다. '일본에 있어서의 학자의 권위는 다른 사람보다 먼저 외국 문헌을 읽을 기회가 있다'는 것 외에는 아무것도 아니라는 인상을 떨쳐 버릴 수가 없다. 서장에서 전후 중국의 쇄국정책 하에서의 연구에 대하여 이야기하였다. 대학이 기초연구의 마당이 됨으로써만이 나라가 지니고 있는 문제를 선취〔先取; 빨리 알아내어〕, 그의 장래를 위한 요구에 답할 수 있을 것이다. '교육은 백년지대계이다'라는 인식이 일본에서는 정착하기 요원하다고 비관하게 된다.

5. 공청회 ——수익자(受益者) 부담의 원칙

1976년, 미국의 서부 중부를 거쳐 동부에 이르는 일주여행을 했다. 각 도시마다의 중요한 대학이나 연구소의 순례였다. 그때의 감상을 섞어 가면서 일본의 오카미주의 〔御上主義〕와는 크게 다른 미국적 발상법에 관해서 이야기해 보고자 한다.

일본의 선샤인시티(Sunshine City)

선샤인시티는 동경의 부도심의 하나인 이케부쿠로〔池袋〕 역전에 세워진 고층빌딩가로, 1978년에 완성됐다. 공원을 제외한 부지면적 5만 5천 평방미터이다. 그 중심에 서 있는 선샤인 60은 지상 60층, 고속 엘리베이터로 35초, 높이 2백40미터의 당시로서는 일본 최고의 고층빌딩이다.

도시형 수족관과 최신형 투영기에 의한 별자리 안내 푸라네타리움·전망대 등 관광의 명소 외에, 쇼핑센터도 함께 있어서 문자 그대로 동경 명물의 하나로 손꼽히고 있다.

그런데 시티 내의 쇼핑센터에 관하여 말해 본다면, 그곳을 빌리고 있는 테난트(tenant)는 공용시설, 예를 들어 방재설비·경비시설이 충실한 것을 보고 투자하고 있기 때문에, 빌딩의 주인은 이들 일체를 보증하지 않으면 안 된다. 문제는 초고층 빌딩이므로 보통의 빌딩과는 다른 설비가 필요하다는 점이다. 화재가 났을 때의 사다리차는 60층까지 도달할 수 있는 특제품이 아니면 안 될 것이고, 경우에 따라서는 헬리콥터를 동원한 소화활동도 예상해야 할 것이다. 또한 많은 테난트가 가게를 빌리고 있으므로, 그 편리함 때문에 물건을 사러 오는 사람들도 모여들 것이다. 사람이 많아지면 당연히 차도 늘어서 주차장의 확보도 빌딩 주인이 책임져야 할 것인데, 차가 많아지므로 해서 차의 혼잡은 물론, 배기가스 대책은 누가 책임을 지는가. 이런 종류의 어려운 문제가 파생된다. 이것이 미국에서라면 지역주민이나 이해관계가 있는 사람들을 모아서 공청회가 개최될 것이고, 개개의 문제해결을 위한 구체적 토론을 하는 것이 보통이다. 지식인이나 전문가의 의견도 한몫을 할 것이다. 배기가스 대책으로 아마도 빌딩에 이르는 신설도로의 자기 부담에 의한 설치나, 소방 특수장비의 정비를 포함하여 이런 것들이 빌딩건설의 인허가의 조건이 되었을 것이다. 지역주민도 빌딩건설에 따라 편리함과 이익을 보게 될 것이므로 이것도 짚고 넘어가는 상담이 될 것이다. 그러나 신설도르의 설치와 소방 특수장비의 정비를 일반 국민의 세금으로 걷어들이는 일은 없을 것이다. 미국은 수익자 부담을 원칙으로 하며, 지금 같은 경우 빌딩 주인이 모든 책임을 지게 한다. 돈을 벌고 있는 것은 빌딩의 소유주이니, 그 빌딩을 방문조차 않는 일반 국민의 세금을 거기에 충당하는 것은 이치에 맞지 않는다.

타호 호

미합중국 서부 캘리포니아 주와 네바다 주의 경계인 시에라네바다 산맥 중에 있는 면적 약 5백 제곱킬로미터, 호면이 해발 1천8백99미터, 호수둘레 25킬로미터, 최대심도 5백 미터의 호수이다. 최대 투명도는 32.7미터로 미국에서는 구네다 호수 다음 가는 맑은 호스이다. 호수를 둘러싸고 조용한 마을이 퍼져 있다. 1976년 그 동네의 하수도 정화장을 견학했다. 그 정화장 책임자의 설명에 의하면, 정화설비 정비의 계기가 된 것은 타호 호수의 호반에 예전에 없던 이끼가 발견되었기 때문이라 한다. 일본에서라면 호반에 이끼가 자생하는 것은 아주 드문 일이고 하니 호수의 정취를 돋아 준다고 귀중하게 여겼을 것이다. 이끼 발생의 원인을 조사해 보니 호반을 일순하는 도로로부터 가솔린이 유입되었기 때문인 것이 알려져서, 도로 옆도랑을 파서 도로를 호수로부터 완전히 차단하고, 생활

하수도를 위시해서 모든 것을 정화하고 있다는 것이다. 사실인지 아닌지 모르지만, 정화장 준공식 때 닉슨 대통령도 입회하여 공장의 기사장이 정화되어 나온 물을 마셔 보였다던가.

더욱 놀라운 것은 마실 수 있을 만큼 정화된 물을 호수에 되흘려보내는 것이 아니고, 주경계를 넘겨서 몇 단의 펌프로 물을 올려 네바다 주 쪽으로 흘려보낸다는 것이다. 또한 그 정화장의 건설비용, 운전비용, 펌프작동 비용 일체를 그 지방 사람들의 세금으로 충당한다는 것이다.

"제법 많을 텐데요" 하고 물으니, "깨끗한 환경에 살려면 그 정도의 부담을 더하는 것은 당연하지요" 하는 애교 넘치는 제스처를 보인다.

도박관광지 리노

미합중국 서부 네바다 주의 서편 끝의 도시로 인구 약 7만 2천, 주변의 관개농업지에 대한 상업금융의 중심지이다. 마을 가운데로 셔틀버스가 항상 달리고 있고, 어디에서나 무료로 손님을 태우기도 하고 내려 주기도 한다. 들어 보니 일반 주민의 주민세는 일체 면제되고, 도박장의 경영자들이 세금을 모두 감당한다고 한다. 상업으로 가장 돈을 버는 것은 도박장의 경영자들이고, 따라서 수익자 부담의 원칙으로 볼 때 당연한 일로 받아들이는 것이다. 타호 호숫가에 살고 싶으면 여분의 세금을 내면 되고, 돈이 없으면 리노에 살면 되는 것이다.

남캘리포니아 수도

이른바 공공투자에 대한 일본에서의 예와 미국에서의 예를 몇 가지 들었다. 미국에서는 자기 몸은 자기가 지키는 것이 당연한 일로 통하며, 일본의 오카미주의와는 판이하다.

스가야 시게지〔管谷重二〕 저 《개발의 첨단을 가다. 소화 33년. 실업지 일본사》에서 인용하여 소개한다.

현재 미국에서 최대의 발전과 번영을 자랑하고 있는 곳은 로스앤젤레스를 중심으로 하는 남캘리포니아이다. 로스앤젤레스는 20세기 초에는 인구 10만의 동네로 그 근교는 거의 사막에 가까웠다. 로스앤젤레스로부터 멕시코 국경까지의 남캘리포니아는 해안지대로 연 강우량 4백 밀리미터 이하이며, 더구나 그 대부분이 겨울 우기에 비가 오는 반사막이다. 새크라멘토와 샌프란시스코를 중심으로 하는 북캘리포니아가 골드러시에 의해 발전한 것은 18세기 초쯤이다. 현재 그 지방 인구가 9백만 명인데 비해, 1백 년이나 늦게 개발된 남캘리포니아 연안의 좁은 지역 내의 여러 도시가 광대한 배후지와 풍부한 자연환경의 혜택을 받은 북부의 도시를 물리치고, 불과 반세기만에 6백만 명으로 인구가 늘고 경제평가액이 전 캘리포니아의 반에 달할 정도의 발전을 이룩한 것에는 거기에 걸맞는 이유가 있었기 때문이다. 물론 석유의 발견도 그 하나이겠으나, 가장 큰 이유는 미국대륙 최후 프론티어가

된 이 서부의 콜로라도 유역의 반사막지대에다 미국의 강화된 국력과 개척의 정열을 쏟아부은 미국인 프론티어 정신의 표출이라고 생각한다.

이 개척정신이 20세기의 피라미드라는 후버 댐을 불과 9년 만에 완성했고, 흉포한 콜로라도 강의 물결을 완전히 제어해서 그것을 이용할 수 있게 했으며, 이 물로부터 만들어 낸 전력과 더 나아가 그 물로 열사와 바위와 사막을 횡단하여 남캘리포니아에 이르는 4백 킬로미터나 되는 수로와 송전 선로를 개발함에 이르는 대사업을 이룩해 놓은 것이다.

1902년 시어도어 루스벨트 대통령이 콜로라도 유역개발 법안에 사인한 이래, 남캘리포니아 사람들은 그 콜로라도 강의 물에 착안해 왔다. 콜로라도 강은 오우엔스 강과 마찬가지로 겨울철 상류의 록키 산맥에 내리는 눈이 수원이 되는 강이므로 눈이 녹는 시기에는 매년 7천 입방미터, 혹은 그 이상의 홍수가 날 만큼의 수량이 한꺼번에 쏟아져 내리지만, 그 이외의 계절에는 수량이 70입방미터, 즉 1백분의 1 정도가 되는 것이다. 더구나 눈이 녹은 물은 사막의 골짜기를 따라 흘러내리므로, 강물에는 대량의 진흙이 함께 쓸려 내려와서 매년 흘러 나오는 모래의 양만도 1억 2천만 입방미터에 달하는 것이 확인되었다. 또한 연간 유출량은 상류 산간지대의 적설량의 다소에 따라 30억 입방미터에서 3백억 입방미터까지 크게 변동하므로, 여간 큰 댐이 아니고서는 그 물을 조정할 수도,

또한 흘러내리는 모래를 막아낼 수도 없는 세계 제일의 사나운 강이었다. 이 사나운 강을 진정시켜서 그것으로부터 대량의 물을 끌어쓰는 일은 한 주만의 힘으로는 도저히 이루어 낼 수 없는 큰 사업이었다.

　1918년에 이르러 콜로라도 유역 개발에 주안점을 두고, 우선 콜로라도 강의 평균 유출량 2백억 입방미터의 두 배의 저수지를 만들어, 콜로라도 강의 물과 진흙을 잡는다는 볼더 댐의 건설설계가 정식으로 도입되었다. 그후 10년간의 조사를 기초로 하여 1928년에 계획이 완성되고, 그 공사를 하기 위한 콜로라도 강 개발법안이 연방의회에서 통과되었다. 이에 앞서 이 댐 건설기획의 기운을 타고, 로스앤젤레스 시를 중심으로 한 근교의 모든 도시들은 캘리포니아 주의회를 움직여서 1927년, 즉 개발법안이 성립되기 1년 전에 이미 남캘리포니아 대도시 수도 관구법을 주의회에서 채용하고 있었다. 그리고 콜로라도 개발법안이 연방의회를 통과하자마자, 바로 제1회 이사회를 파사데나 시에서 개최하고 수도 관구를 창립했다. 그 목적은 볼더 댐에서 제어된 콜로라도 강의 물을 그 지역에 급수하는 조직을 계획하고, 거기에다 융자하고 건설하며 나아가 운영하는 것이었다. 이 수도 관구 창립 후 제일 먼저 할 일은 콜로라도 강의 분수서류를 작성하고, 강으로부터의 급수에 관해서 내무장관과 계약을 체결하는 일이었다. 이 계약은 관구가 건설자금을 지출하고 정부의 개발국이 사업을 담당하고, 또한 볼더 댐 하류에 파커 댐을 만들어 여기에서 볼더 댐의 방수를 역조정하며, 동시에 지류에서 합류하는 물을 제어하는 것이다. 다음에는 진흙을 걸러낸 콜로라도 강의 물을 댐 저수지로부터 연간 1백20만 에이커/피트, 즉 15억 입방미터씩이나 직접 취수한다.

1931년 9월, 관구에 가입한 총 13개 시의 대도시 수도관구의 시민이 4 대 1 이상의 찬성 투표로서 콜로라도 강 하수로(수도용 수로)의 건설비 조달을 위한 2억 2천 달러의 공채발행을 승인했다. 그리고 그 수로건설은 볼더 댐의 공사착수로부터 1년 후인 1932년 12월에 시작되었다. 제1차 계획인 수로조직은 볼더 댐이 완성해서 저수를 시작한 1938년보다 3년 뒤인 1941년에 완성했고, 바로 조업에 들어갔다. 그것은 실로 9년의 세월에 걸친 대공사였다.

이상에서 본 것같이 수도용수로 공사라면 일본에서는 공공사업으로써 행해졌을 터인데, 미국에서는 지역주민의 공채응모에 의해 그 비용이 조달된 것이다.

미국에서의 공청회〔公聽會, public hearing〕 제도에 대하여 잠시 소개하고자 한다. 일본에서도 한때 '민초운동〔草の根運動: 대중운동〕'이 일어나 그 일부는 지금도 행해지고 있는 듯하나, 미국에서의 공청회 제도는 말하자면 지역관련의 관행·민행의 모든 기획을 민초운동으로 돌려 놓기 위한 제도라 할 수 있을 것이다.

문제가 되거나 또는 문제로 삼아야 할 관행·민행의 기획에 관련해서, 그곳에 살고 있는 주민이 민선의 감독위원회에 탄원서를 제출하면, 민선의 위원회는 공청회를 소집하여 기획측과 주민측의 의견을 수렴하고, 필요에 따라 전문가 등의 판단자료도 제출케 한다. 전문가로서는 학식 경험자나 컨설턴트가 포함된다. 이런 류의 공청회는 해당 기획의 규모에 따라 때로는 타운〔town, 동네〕, 시티〔city, 시〕, 또는 카운티〔county, 군〕의 레벨에서 출발해서 각 레벨의 합의를 얻으면서 순차적으로 상부 레벨로 올라가게 된다. 최종적으로는 주 또는 연방 레벨에까지 이른다. 주민은 해당 기획이 가져올 편익을 고려해서, 자기들이 할 수 있는 범위의 협력, 예를 들면 '어디어디 구간의 교량 건설을 위한 거출금'을 약속하게 되며, 반대를 위한 반대는 대체로 없다. 여기에서도 수익자 부담의 원칙이 지켜지고, 주민으로부터의 거출금에 따라 최종단계에서의 예산이 대폭 삭감되기도 한다. 캘리포니아 주 정부를 방문했을 때, 주정부의 대변인은 이상과 같은 경위를 설명한 다음 '민주주의란 돈과 시간을 필요로 하는 것이다'라고 결론을 맺었다.

일본에서도 1980년 이래 환경 어시스먼트(assessment)의 방법이 미국으로부터 도입되어, 골프장 개발계획 등에서 이러한 방법에 의한 지역주민과의 대화가 이루어지고는 있지만, 원래가 이런 식의 민주주의적 방법에 기획측인 국가도 대화상대인 지역주민도 익숙하지 못한데다 이른바 오카미주의적 습관에 젖어 있어서 과연 '민초운동'으로 이어질 수 있는 성과가 나타날지는 미지수이다.

덧붙여 말한다면 환경 어시스먼트란 개발행위가 공기, 물·흙·생물 등의 환경에 미치는 영향의 정도와 범위, 그의 방지에 관한 대체안의 비교나 발견을 포함하여 사전에 예측과 평가를 행하는 것을 말한다. (시마쓰야스오, 신판 환경 어시스먼트 NHK Book)

이 평가가 반대를 위한 반대나 불평을 함으로써 득을 보려는 집착을 버리고, 순조롭게 진행되기 위해서는 기획 측이나 그 지방주민이나 민주주의라는 '수익자 부담'의 원칙을 좀더 깊이 이해할 필요가 있을 것이다. 주제넘은 말이겠으나 일단 선의에서의 발언이라고 이해해 주었으면 한다.

가깝고도 먼 나라

1. 회고 (Ⅰ)

1) 위화감

'가깝고도 먼 나라 한국'이라고 자주 일본 사람들은 말한다.

한국 사람들도 마찬가지로 일본을 가깝고도 먼 나라라고 생각한다.

일본의 식민지시대에 중국에 망명하여 조선독립운동에 몸을 바치고, 종전 후에는 최초의 주일한국대사관의 정치고문으로서 내일(來日)하시어 사재를 털어 개인적인 장학금을 한국인 학생에게 지급하신 김수사(金修史) 옹에 관한 이야기부터 시작한다. 수사 옹은 1985년에 돌아가시고,

그분의 전기를 쓰게 되어 그때 준비한 글에 손을 대서 1980년대의 일본에 대해 느낀 점들을 회고한다. 최근 몇 해 동안 지방공무원의 외국인 채용이 현단위로 조금씩 실현되고 있으나, 그것도 관리직에는 오를 수 없다는 조건부로 외국인에게는 아직도 열려져 있지 않은 나라이다. 특히 한국인에 대한 편견은 여전히 뿌리 깊게 남아 있다.

수사 옹은 '조예(造詣)가 우리 민족보다 많이 앞선' 일본과의 국민외교를 깊게 맺기 위하여 1949년 일본에 건너오셨다.

필자도 그만이 앞선 조예를 배우기 위하여 일본에 유학하고 그대로 주저앉아 이미 47년을 넘겼다. 8.15 해방 당시 필자는 중학교 2학년에 재학중이었는데 일본인 교사가 일본으로 가버린 다음, 대학·전문학교를 졸업 혹은 중퇴하고 일본에서 귀국한 유학생들이 교사의 자리에 앉게 되었다. 필자는 후기 전중파, 즉 조선어·조선사의 강의가 폐지된 세대에 속하므로 모국어보다도 일본어에 능했다. 귀환 유학생의 교사에 대하여는 친근감을 가졌으면 가졌지 반발을 한 적은 없다. 다만 일본에 관한 화제가 나왔을 때 주저에 가까운 묘한 표정이 그들에게 잠시 스쳐 지나가는 것을 여러 번에 걸쳐 볼 수 있었다. 왜일까? 하고 이상하게 생각한 것이 한두 번이 아니다. 일본에 대한 일종의 콤플렉스일까. 어쨌든 필자는 독립국의 청년으로서 '여기에 한국인이 있다' 라는 태도로 일본에서 공부

하고, 독립국의 청년으로서 고국에 돌아가리라 맹세하며
일본에 건너왔다.

하숙을 거절당한 적도 여러 번 있다. "주인〔主人: 남편〕
이 이미 다른 사람을 정하고 왔다고 해서요"라며 자못 부
드럽다. 하숙을 다른 곳으로 옮기게 되었을 때 만류해 온
적도 여러 번 있다. '무언가 불편한 점이라도?' 라고 친밀
하게 말이다. 거절당하는 것이 싫어서 일본 이름을 쓰는
사람도 친구들 중에는 있었다. 하지만 그렇게 하면 언제
까지나 '한국인'의 좋은 점을 일본인에게 알려 줄 수가
없다. '여기에 한국 사람이 있다'라는 긍지를 가지고 지
켜 나가려고 마음으로 맹세했다.

수사 옹과의 교제는 1957년 이래 30년 가까이 된다. 연
1회의 두 사람만의 말이 별로 없는 망년회이긴 했지만,
전혀 화제가 없었던 것은 아니다.

"아무래도 40대 이상의 일본 사람과 말을 하고 있으면
어딘지 모르게 위화감 같은 것을 느낍니다"라는 필자. 여
기에서 말하는 40대란 대강 대정(大正) 초기로부터 중기
에 태어난 사람을 말한다.
"네, 그렇지요. 보통일에서는 친절하고 가족같이 잘 대
해 주지요. 이것은 한국인으론 도저히 따라갈 수가 없어
요. 그러나 유독 한국에 관한 일이 되면 뭐랄까, 글쎄 뭔
지 모르게 한 발자국 물러서선 '알아요. 알고 있어요' 하

는 표정을 억지로 감추고 '아무렴. 그러믄요' 라고 말하고
있는 듯한 느낌이지요. 무시당하고 있는 것은 아닌데도
이쪽으로선 어딘가 무시당한 듯한 느낌. 어쨌든 뒷맛이
개운치 않거든요"라는 웅.

2) 일본이라는 외지(外地)

재일교포 60만이라고들 말한다. 일본인과 필자와의 사
이에서 이것이 화제가 되었던 적은 한번도 없다. 그들 중
대부분은 조선총독부가 토지조사사업의 명목으로 실시한
토지약탈정책에 의한 파산으로 일본에 도항 유랑할 수밖
에 없었던 농민들이고, 1939년 이후에는 전시총동원체제
아래서 징용·징병으로 강제 연행되어 8.15 해방 후에도
그대로 주저앉아 버릴 수밖에 없었던 사람들 및 그의 자
손들인 것이다. 1969년 4월 1일 현재의 법무성 입국관리
국자료에 의하면, 총계 60만 3천7백12명 중 무직자수가
32만 4백17명으로 되어 있다. '가난하면 우둔하다'로 자
손의 교육도 어려운 사정. 직장에서 떨려나고 젊은 몸으
로 집에서 뒹굴뒹굴하고 있자니 뒹굴고 있는 본인도 기
가 막히고, 그것을 바라보고 있는 가족도 견딜 재간이 없
다. '어떻게 해주겠는가' 정색하고 나서고 싶을 것이다.
'독립했으니 자기 나라로 돌아가면 되지 않는가' 라고 정
색하고 맞대들 수 없는 사정이 일본에게는 있는 것이다.
소화(昭和) 30년대(1955년경), 가는 곳마다 이른바 조선

인 부락이 있었다. 너무도 가난하고, 뒷켠에서는 돼지를 키우는 집들이 많았다. 냄새가 난다. 구린내가 나니까 주위에선 곤혹스러워한다. '가난하고 냄새나는 것＝한국인'을 일본인이 화제에 올리려 하지 않은 것은, 어쩌면 같은 한국인인 필자에 대한 일본인다운 배려였을지도 모른다. 그러나 '냄새나는 것에는 뚜껑을 덮어라' 방식만으론 문제가 해결될 수 없는 것이고, 그의 원인과 그 원인에의 대응(방침)을 타결하지 않으면 언제까지나 '가깝고도 먼' 관계는 고쳐지지 않을 것이다.

2. 회고 (Ⅱ)

일본에 있어서의 한국인 거주민의 사회적 환경
······그들의 벽과 딜레마······

1965년 발행된 《소년보도》 8월호에 우연히 부탁받아 다음의 글을 실었다. 당시의 일본의 세태를 반영하고 있기에 여기에 전재해 본다. "어디에서요. 누가 써준다고요······"라고 외치는 선숙(仙淑)의 목소리에 가슴 찢기는 아픈 마음을 떨쳐 버릴 수가 없는 것이다.

1) 낙엽이 모여 고여 있는 곳

"……과거는 헐뜯기 위해서만 되돌아보아지는 것은 아니다. 고쳐 쓰기 위해서도 우리는 그 상처를 더듬는다. 나는 그 무엇인가를 향해 외치곤 했다. 지금 같아서는 외쳐 봤자 그 소리는 허공에 뜨고 만다. 하지만 그 '공허함'이 언젠가는 그 '공허함'을 청산하는 날이 올 수도 있지 않을까? 나 혼자 희망적 관측을 하고 있는지도 모르지만……."

발길 닿는 곳 여기저기, 혹은 황폐해 버린 동네 변두리에, 또는 사람 눈에 띄지 않는 외딴 산속 움푹 패인 땅. 그렇지, 바람에 뒹굴던 낙엽들이 즐겨 고여 있을 것 같은 그런 곳에는 어김없이 열 채 아니면 스무 채 가량의 '조선인 부락'이 옹기종기 모여 있다. 낯선 하늘 아래 이국의 기압에 눌려서, 사람 하나 겨우 빠져 나갈 만한 쪽문을 달고 있는 힘을 다하여 버티고 있는 것이다. 뿌리가 내릴 듯하면서도 여간해서 뿌리 내릴 수 없는 타향살이에 찌든 치마저고리가, 그런 대로 여기저기 드문드문 보인다. 일본에 흘러 들어와 몇 해나 되었을까? 20년? 아니면 30년? 살 길이 없어 건너오기도 했을 테고, 억지로 떠밀려 끌려온 사람들도 있으리라. 낙엽이 모여 고여 있는 곳에 하나둘씩 보이는 치마저고리. 아직도 일본의 기모노로 갈아입기를 거부하는 '조선인.' 이 얼마나 약하디약한 저항일까. 그 연약함으로 해서 더욱 눈물겨운 것이다.

"돈벌이도 없는데 식충이만 늘어나고!" 이웃 아낙네의 푸념 소리가 들린다.

"먹는 것이 없는데 젖이 나올 리 있겠니?" 불같이 울어대는 배고픈 젖먹이의 울음소리가 판잣집 밖에까지 울려퍼진다.

"시끄러워 죽겠네! 낮잠도 잘 수가 없다니까."

"빈들빈들하고만 있지 말고 쌀 한 됫박이라도 벌어오려무나."

"어디서요. 누가 써준대요."

선숙은 너덜너덜해진 치마를 고쳐입고 젓가락만 굴러도 웃어댄다는 16세의 소녀의 신세에, 또다시 그 자리에 누워 버린다.

"어디서요. 누가 써준대요." 이 연약함이 오히려 눈물을 자아내게 한다.

나는 구질구질한 판잣집의 골목길을 단숨에 빠져 나온다.

"어디서요. 누가 써준대요" 하는 목소리가 어디까지나 나를 뒤따라온다. 그 목소리를 내가 뒤쫓는다. "어디서요……."

이럭저럭 7,8년 전(1958년경)쯤 될까. 일본에 와서 얼마 되지 않은 S군은 아침식사를 마치면 언제나 슬라이드와 한글쓰기의 교본을 가방에 챙겨넣고 어디론가 외출하곤 했다. '낙엽이 모여 고여 있는 곳'에서 밤늦게야 돌아오곤 하던 그의 어깨는 날이 갈수록 무겁게 처져 갔다. 그리고 반 년, 질버 세부론의 저서 《성인(聖人) 지옥으로 가다》의 원본 한 권만이 든 초라한 가방을 걸치고, 다시 현해탄을 건너 총총히 사라졌다. 가가와 도요히코〔賀川豊彦〕씨에 심취하여 사숙하고 일본에 사는 교포들을 위한 전도사업에 몸을 바치기로 다짐했던 그였다. "생활이 몸에 배지 않은 그들에게, 마찬가지로 뿌리 내리지 못하는 내가 무슨 말을 해줄 수 있겠는가." 이 한 마디를 남기고 동경 역을 떠난 그의 뒷모습이 지금까지도 서글픈 추억으로 남아 있다. 필자가 표제에 대해 무엇인가 할 말이 있다면, 그가 남기고 간 그 뒷모습의 인상뿐일 게다.

위에 쓴 글은 그런 시절의 그의 뒷모습이 남기고 간 인상에 대한 수기인 것이다. 이제 나 나름대로 느끼고 있는 것을 써보고자 한다.

2) 거주하는 주민

교포 1세들이 어떤 생각에서 정착하게 되었는지는 불문에 부친다 해도, 그 밑에서 태어나 자란 2세 3세는 일본의 주민 이외의 아무것도 아니다. 그들은 '임종은 내 고향에서'라고 하는 1세들의 감상이나 과거에 연결되는 아무런 추억거리조차 간직하고 있지 않다. 할아버지나 노인층에서 쓰는 조선어의 울림 속에서 왠지 일본인 가정과는 이질적인 무엇을 느꼈다 해도, 아직 어린 그들은 그 '이질'

에, 다름 아닌 그 자신도 굴복해야 한다는 것을 이해하지 못한다. 만에 하나 이해했다 하더라도, 그들은 이미 일본에 대해 너무나 친숙해 있고 고국은 너무나 멀리 있어 알 수도 없으며, 요컨대 그들의 생리도 역사도 일본에 묻혀 있는 것이다. 일본인이 되었던 적이 있는 그들의 할아버지와 아버지, 그리고 이제는 일본인이 아닌 그와 그의 할아버지와 아버지. 일본인이면서 일본인이 아니라는 의식의 이중구조——그와 일본인과의 흉허물 없음은 그가 태어나기 전부터의 숙명인 것이다. 학년이 높아지고 나라를 구별하는 지식은 늘어도 그 지식은 교과서라는 약속의 세계 속의 일이며, 이것이 사회의식으로 심화되기 위해서는 무언가 한 가지 밖으로부터의 계기가 필요한 것이다.

'이질(異質)'이라는 느낌이 사회의식으로 심화하는 계기는 여러 가지를 생각할 수 있다. 하지만 결정적으로 피할 수도 물러설 수도 없는 순간은 취직과 동시에 곧잘 들이닥친다.

'스스로의 능력을 발휘해서 뻗어가는 사회 터전'이라고 배웠던 직장이 그의 육친인 형님 면전에서, 때로는 자기 자신의 면전에서 양팔을 벌리며 지나가지 못하게 막을 때, 그는 순식간에 그 '이질'의 모든 것을 이해하게 된다. 그 '이질'이 굴욕감이 된다. 하다못해 불구자라면, 그의 고통은 다소 구원될 수도 있겠지. 그러나 그는 이처럼 기운이 팔팔하고 도망칠 길목은 완전히 막혀 있다. 그는 어찌되었든 그것을 인정할 수밖에 없는 처지에 빠져 있다. 가난할수록 이 시련에 부딪칠 연령은 어려지고, 좁은 가

슴은 비애로 가득 차게 된다. 제3국민이라는 일본적 울림
이 그의 굴욕감을 더 깊게 하며, 차츰 욕구불만이 내향
또는 외향하게 된다.

요컨대 그는 제3국민으로서 태어난 것이 아니다. 제3국
민으로 불리도록 성장해 가는 것이다.

3) 문화적 유대

8월 15일은 일본에게 있어서는 패전의 날이 되고, 한국
으로 보면 일본의 식민지 국가로부터 해방된 날인 것이다.
일본에 살아왔고 살아가야 하는 한국인에게 있어 이 8
월 15일은 묘하게 뒤틀린 감정을 갖게 한다. 8월 15일 해
방 기념일 식전, 또는 3·1절 모임에 참가하게 될 때 사
람들은 언제나 종전전 항일투쟁에서 순국한 투사의 송가
를 듣게 된다.
3·1절에 대하여는 다소의 해설을 가할 필요가 있을
것이다. 이것은 1919년 3월 1일을 기해서 발발한 거국적
인 민족독립운동을 기념해서 행하여지는 의식이다. 이것
은 제1차 세계대전의 대세가 연합군 쪽으로 유리하게 확
정됨에 따라 1918년 미국의 윌슨 대통령이 주장한 '민족
자결주의'에 자극받아 발생된 것으로, 일본측의 잔인한
탄압에 의해 많은 유혈을 뿌린 끝에 진압되었다. (이홍직
편, 《국사대사전》)

독립선언서에 연명을 한 명사들의 대부분은 투옥되고, 혹은 중국 또는 미국으로 망명하여 해외에서 독립운동을 계속했다. 종전 후의 한국 초대대통령 이승만은 미국파다.

이들 식전에서 일본인은 일찍이 그곳을 지배했다는 기억을 통해서 그것을 받아들이고, 한국인은 끝내 무력에 굴복하지 않았던 민족의 영웅상을 거기에서 보게 되는지도 모른다.

그런데 문제는 이 기억과 이 발견이 지금도 여전히 되풀이되고 있다는 점이다.

혹은 그 기억이 발견의 의식을 되풀이하도록 하고 있는지도 모른다. 아니면 그 발견의식의 집요한 반복이 기억을 새롭게 하도록 하는지도 모른다.

그 어느쪽이라 하더라도 양쪽이 모두 저 종전일인 8월 15일로부터 한 발자국도 앞으로 나가지 못하고 있는 것은 확실하다. 왜냐하면 일본에 사는 한국인과, 그들을 둘러싸고 있는 일본인간에 이 정신적 단절을 메워 줄 어떤 문화적 유대——아니 생활의 유대라 해도 좋을 것이다——도 싹트지 않았기 때문이다.

언젠가 K대학을 졸업하고 M사라는 대 메이커의 연구소에 근무하고 있다는 청년의 방문을 받았다. 3세인 그는 일본명을 쓰는 조건으로 입사가 허락되어서 연구직에 종사하고 있다. 연구가 4,50퍼센트 완성되자, 다음은 일본인 연구자에게 인계되고 새로운 테마가 주어진다. 즉 '기업기밀'이란 이유로 해서 연구의 완성이란 성취감을 그에게서 송두리째 빼앗아간 것이다. 항상 같은 수평면에 서 있게 된다는 것이다.

"다른 분들은 어떻게들 하고 계시는지요?" 그의 최초의 질문이다. 일의 도리를 묻고 있는 것이 아니다. 그것에 견디어 갈 방법을 묻고 있는 것이다.

일본에서 낳고 자란 2,3세의 또 하나의 불행은 종전 이후 항일투사말고는 자기 자신을 비추어 볼 만한 거울〔인간상〕이 없다는 데에도 있다. 혁명을 이어받아 그 혁명을 참으로 혁명답게 해내서 나라를 세우고 위업을 이룩한 인간상, 아니면 건실하게 살면서 문화적 공적을 남기고 간 민족적 위인, 말하자면 적극적으로 나서서 주위와의 틈새를 좁히는 일에 헌신한 규범적 인간상이 없었다는 것이다. 윤리를 내세우는 도덕군자가 아닌, 삶으로써 윤리를 실천한 인간상 —— 많은 선각자들을 한국 역사에서 찾을 수 있을 텐데도 말이다.

'하나의 불행'은 말하자면 종전 후 일본의 교포사회에서 그러한 역사의 발굴작업을 할 만한 적임자를 찾아내지 못했다는 것에도 있으나, 이것 역시 기억과 발견의식의 공전에 귀착될 일인지도 모른다. 일본에 사는 거주민으로서 제3국인, 그로부터 오는 욕구불만. 그리고 그를 둘러싸고 있는 식민지적 기억과 투사적 이미지 —— 필자에게 그것이 그들로 하여금 불량화, 아니면 자포자기에로 틀잡혀 가게 하는 것으로 보인다면 지나친 생각일까. 인간은 스스로의 과거의 포로일 뿐더러, 그 이상으로 스스로의 장래에 대한 전망의 죄수이기도 하다. 어린 손끝으로 쌓아올리는 공들인 미래도를 무참하게 짓밟아 버리는 일이 많다는 것이 한탄스럽다.

4) 재능본위적 방식

지금까지 내 나름대로 느끼고 있는 것을 간단히 서술했다. 물론 하나의 단순한 견해에 지나지 않음도 잘 알고 있다. 다만 그들이 앞으로도 일본에서 살아가야 할 주민인 것이고, 일본에서 살 수밖에 없는 제3국민이라는, 뻔히 아는 본래의 출발점으로 다시 한 번 되돌아가서, 한편에선 그들이 그들의 미래를 투영할 수 있는 기회와 사회적 터전을 조금씩이나마 확장해 주고, 다른 한편에선 눈앞의 두터운 벽을, 이른바 투사적 이미지에 의해서가 아니고 당당히 건실한 노력으로 뛰어넘는 지혜와 그에 따른 기쁨을, 그들에게 주어야 한다는 필요성을 지적하고 싶었던 것이다.

미국은 곧잘 '인종의 도가니'라고 일컬어진다. 많은 인종이 하나의 미국인으로 완성되어 가는 포용력을 가리켜 하는 말이겠지만, 민족성 때문이라고는 생각지 않는다. 원래가 민족단위로 출발한 것은 아니므로 이데올로기 때문이라고도 생각되지 않는다. 개척정신과 그 개척정신이 낳은 부(富)로부터라고 생각한다. 드넓은 황야와 마주 섰을 때, 그들은 그들이 풀 수 있는 유일한 실마리로서, 인간의 지혜와 능력에 크게 눈 뜨게 되었을 테고, 별볼일 없는 땅덩어리로부터 석유라는 부를 뿜어올린 발견자의 능력에 탄복과 경의를 표했으리라.

인간을 그의 능력에 따라 평가하고 그것에 걸맞는 터전을 주며, 그것을 충분히 활용한다는 미국인 기질과 저 '도가니의 비밀'은 의외로 이런 곳에 연유한 것인지도 모른다.

머지않아 일본은 더욱 풍요로워질 것이고, 근대화 내지 합리화로 그리고 '어릴 때부터 키워가는 식'의 경영방침을 '재능본위방식'으로 전환해 갈 때, 저마다의 능력에 합당한 사회적 터전이 일본에 있는 제3국민에게도 열리게 되리라. 나 또한 제3국민의 한 사람으로서, 물론 일본인은 아니고 게다가 어차피 얼마 안 있어 귀국하려는 필자로서, 지금 바랄 수 있는 것은 이것뿐인지도 모른다. 소극적이긴 하지만 그날이 하루속히 오기를 바라 마지않는다. (1965. 7. 20. 동대사방연구소 농학박사)

3. 일본인상과 한국인상

필자가 일본에 머물러 산 것이 약 반세기. 금년으로 나이 일흔. 이른바 고희(古稀)이다. 고희라고 하는 것은, 이

백(李白)과 어깨를 나란히 하는 당나라의 시인으로 율시의 완성자라고 일컬어지는 두보(杜甫)의 다음과 같은 시에 유래하는 것으로, 시의 내용으로 보아서는 축하의 말로는 합당치 못하다.

朝回日日典春衣,
每到江頭盡醉歸.
酒債尋常行處有,
人生七十古來稀.
아침이 돌아올 때마다 봄옷을 전당잡히고,
강가에 이를 때마다 취할 대로 취해 돌아온다.
술빚은 언제나 가는 곳마다에 깔려 있고,
인생 칠십이란 고래로부터 드문 일인 것을.

두보는 58세에 세상을 떠났다. 일흔까지 사는 것은 큰일이다. 빨리 죽고 싶다는 비장감이 이 시에서 느껴져, 필자는 공자의

六十而耳順,
七十而從心所欲不踰矩.
60세에는 귀에 거슬리는 일이 없고,
70세에는 마음대로 따라도 도리에 어긋나지 않는다.

에 따라 '종심축하'를 해 받았다. 구(矩)란 지켜야 할 법도를 말한다. 생일은 1월 1일로, 마침 간암의 유전자 요법

을 받으러 서울에 체류중이라 이곳 가족들로부터이다.

　내년이면 만 70세. 도저히 공자의 경지에는 미치지 못할 것이나 일본에 머물러 살아온 한국인으로서 느낀 일본인상과, 일본이란 외지에서 본 한국인상을 필자 나름대로 써본 것이다.

1) 전전파

　전전파란 프랑스어의 아방게르의 일본어 역(譯)으로, 전중파·전후파와 더불어 언제부터인가 자주 쓰여지고 있다. 《광사림》에 의하면, "제2차 세계대전 전의 세계관을 가지고 있는 사람"이라고 되어 있다. '제국주의적인 사고방식을 가진 사람'이라 바꾸어 말해도 좋을 것이다. 먼저 이야기한 수사 옹과의 대화 속에 나오는 '위화감을 느끼게 하는 일본인'이 바로 이 범주에 들어간다.

　언젠가 한국에서 정치적으로 혼란이 있었을 때, 지한파(知韓派)를 자칭하는 모자민당의원이 '내가 건너가면 어떻게든 수습할 텐데'라는 의미의 답변을 텔레비전 인터뷰에서 하고 있었다. 과연 전전파답다. 전조선총독부의 고관을 지냈으니 독립국 한국에다 뜸이라도 한 대 놓아 주겠다는 것인가. 그에게 있어서 한국은 아직도 외국이 아닌 것이다.

인신공격을 할 생각은 없다. 일본을 비판할 생각도 없다. 일본이 싫으면 그냥 한국으로 돌아가면 되는 일이고, 아무도 붙잡는 사람이 있는 것도 아니니까. 하지만 돌아가 버리면 그뿐이라고 모른 척할 수 없는 일이며, 다만 '가깝고도 먼' 관계를 '가깝게' 하고 싶은 작은 충정에서이다.

다음 글은 유주현 저 《소설 조선총독부》의 일본어판에 기고된 어떤 일본 저명인사의 서문에서 발췌한 것이다. 또한 괄호 A·B는 편의상 필자가 붙인 문절번호이다.

서(序)

(A) 지대한 감흥을 가지고 이 소설을 읽었다. 극히 상식적으로 말한다면, 우리들은 일본인이기 때문에 같은 동포국민이 호되게 난폭한 말로, 나쁘게 씌어진 것을 읽는 것이 불유쾌함은 당연할 것이다. 그런데 이 소설을 읽기 시작하면서 이토 히로부미〔伊藤博文〕나 데라우치 마사타케〔寺內正毅〕나 아케시 모도지로〔明石元次郎〕 등 명치사(明治史)상에 크고 작은 발자취를 남긴 인물이 저지른 일에 대하여, 일본인인 내가 화를 참을 수 없어 이를 갈고 팔을 걷어붙이며 분개하지 않을 수 없는 것이다.

······중략······

이와 같이 같은 국민에게 반감을 가지고, 이국지사에게
마음으로부터 공감하는 것은 인류공동의 인도주의와 정
의감이 이 소설로 해서 자극되기 때문이고, 예술에 국경
이 없다 함은 바로 이런 일을 말하는 것이리라.
  다시 한 번 말한다면 '이 책은 예술품이다!'라는 것이다.

  ……중략……

  (B) 명치(明治)의 전쟁은 서남전쟁·일청전쟁·일러전
쟁 셋이 모두 조선이 원인인 것이다.
  조선이 꿋꿋이 버티고 있지 못하면 일본의 국운이 위태
해질 상태였다. 그 점을 이 저자는 어떻게 생각하고 있는
것인가. 반드시 조선의 왕실이나 정승에 대한 신랄한 비
판이 있어야 한다고 생각하는데, 그것이 이 소설에는 빠
져 있다. 나는 좌익학자나 미국이 아무리 침략전쟁이라고
말해도, 일청전쟁이나 일러전쟁은 어쩔 수 없었다고 생각
하고 있다.
  그것은 미국 남북전쟁 같은 의전은 아니지만, 영국의
아편전쟁이나 남아전쟁, 아니면 미국의 필리핀 병합보다
는 훨씬 이유가 있는 전쟁이었다. 그러나 그후의 일한병
합만은 정말로 지나친 처사였다.

  ……중략……

  (A) 와세다(早稻田)를 나온 후 바로 나는 조선수비대

시절에 수집한 자료를 가지고 이들 독립당의 청년을 소재로 한 《토끼와 기생과》라는 중편소설을 썼다. 관동대지진 때 동경의 신문은 전멸하고, 대판(大阪) 매일신문의 석간에 게재되어 후에 같은 제목의 소설로도 나와 있다. 물론 지금의 한국인 여러분이 읽으면 대국의식을 가지고 멸시하고 있다고 만족하지는 않겠지만, 그러나 데라우치의 전성시대에 이와 같이 혁명적 소설을 써서, 비록 복자〔검열에서 삭제되어 활자화되지 못한 부분〕는 있었으나, 이를 공표한 용기에 조금은 동정을 받아도 되지 않을까 생각한다.

　……후략……

　어떤 사람의 문장을 일부 뽑아내어, 그것에 대해 어쩌니저쩌니 하는 것은 공평한 것은 아니다. 다만 여기에서는 전전파가 한국에 대하여 말할 때의 공통된 패턴을 문제삼고 있는 것이며, 그 한도 내에서는 공평하다고 할 수 있다.

　(A)·(B)·(A)의 말하자면 소나타 형식〔주제 제시·전개·주제 재현의 3부로 된 내용의 형식〕으로서 (A)는 찬동·동정·이해, (B)는 설득·질타·반론, 두번째 (A)는 (B)를 근거로 한 찬동·동정·이해인 것이다. 보통의 회화에서는 일반적으로 (B)는 나타나지 않는다. (A)뿐인 것이다. 본심인 (B)가 나타나지 않기 때문에 겉차림뿐인,

한 발자국 물러선 듯한, 한 발 앞선 듯한 묘한 위화감을 상대 한국인에게 주게 되는 것이다. (A)·(B)·(A)란 다른 표현을 쓴다면 겉차림·본심·겉차림인 것이다. 한국인이 따지기 좋아하고 싸움을 잘한다는 것은 아무래도 국제적으로 정평이 나 있는 듯하다. 본심이 겉차림이고, 겉차림이 본심이기도 하다. 모든 것이 논리적이고 모든 것이 도리에 맞지 않으면 납득하지 않는다. 그런 의미에선 도리·도리, 도리의 단순함인 것이다. 그래서 융통성이 없고, 때론 자기 스스로 목을 조를 수도 있는 것이다. 병자호란이 그 좋은 예로, 이것은 1636년부터 37년까지 청 태종의 조선 침략으로 일어난 조선과 청과의 싸움이다. 당시의 인조 대왕은 두 왕자를 강화도로, 자신은 세자와 만조백관을 거느리고 남한산성으로 피난을 갔다. 당시 청나라는 명나라를 치려는 속셈으로 한국에게 청나라로 귀속하기를 강요했다. 조선은 명나라를 종주국으로 모시고 있으므로, 당연히 청나라는 조선에게 있어서는 오랑캐인 것이다. 숭명사상은 도리이고, 그 도리를 끊고 청나라에 복종할 수는 없는 것이다. 청나라는 십만 대군을 거느리고 서울에 육박하여 이와 같은 난리가 난 것이다.

운양호 사건 이후 강화도조약·을사조약·한일합방에 이르는 역사의 흐름 중에도, 이와 같은 도리론이 심한 재난을 부르게 된다. 청나라는 1644년에 명나라를 멸망시키고 중국을 통일하여 명나라 제도를 답습했다. 즉 유교를 체제의 원리로 했다. 동방예의지국인 조선은 유교 원리를

따라 중국을 본가로 섬겨왔고, 따라서 유교 원리를 따라
선 청국을 당시의 종주국으로 섬기게 된다. 종주국인 청
나라에의 예를 저버릴 수는 없고, 위급한 사항에서 일일
이 청나라의 의견을 물어야 했다. 큰 것에 따르는, 즉 사
대주의인 것이다.

　이것이 나라를 망하게 한 것이다. 국가존망의 위기에
대한 구체적인 대응방법을 세울 생각은 않고 대도리론이
망국론으로 연결되어 버린 것이다. 한국인으로서 필자는
그렇게 생각한다.

　그러면 먼저 인용한 서문 (B)로 돌아가 보기로 한다.
'조선의 왕실이나 정승들에 대하여 엄중한 비판을 하지
않으면 안 된다'라고 할 때, 이것은 먼저 말한 어리석은
도리론을 지적하는 것이 될 터이다. 그러나 '명치의 전쟁
중 서남전쟁·일청전쟁·일러전쟁 셋 모두가 조선에 원
인이 있다'고 말한다면 납득이 가지 않는다. 한국 때문에
엄청난 피해를 입었다고 주장하고 있는 것이다. '그러나
그후의 일한합병만은 진정코 지나친 처사였다'에 와서는
전혀 이해조차 할 수 없다. 아마도 다루이 도키치〔樽井藤
吉〕의 대동아 합병론에 근거를 둔 발언일 것이나, 합병은
사실이고 사실은 사실인 것이다. 전술한 세 개의 전쟁 모
두가 결국은 한국을 식민지화하려는 일본의 제국주의에
의해 발생한 것으로, 말하자면 어설픈 도리 같은 것 따지
지 말고 쉽사리 일본에 예속되어 버렸으면 좋았을 것이
라고 말하고 싶은 것이다. 좌익학자가 아니더라도, 한국인

누구에게도 그런 변명은 통하지 않을 것이다. '할 말이 있는 전쟁이었다'라는 말을 들으면 신경이 곤두서지 않을 수 없다. '핑계 없는 무덤은 없다'라는 한국 속담이 있다. '무엇 때문에 죽었어요?'라고 물어오면 모두가 나름대로의 그럴듯한 핑계를 댈 것이다. '먹을 것이 없어 살인, 강도 했다' 이것도 훌륭한 '핑계'는 된다. 그러나 이 '핑계'가 살인·강도의 죄를 면하게 해주지는 못한다.

하야시 후사오[林房雄] 씨의 저서에 《대동아전쟁 긍정론》이 있다. 출판사의 선전에 "아름다운 일본을 누가……. 본서는 결코 전쟁 긍정론은 아니다. 한 사람의 생각 있는 일본인으로서, 그 전쟁을 재조명할 필요성을 말한다. 근대 1백 년간 민족적 사이클이 받은 비극으로부터, 사랑하는 일본의 미래에도 생각을 몰아가는 불후의 명저!"라고 되어 있다. 주로 일본의 좌익사가에 대한 반론과 같이 느껴져서, 일본인간의 역사논쟁에 이러쿵저러쿵 끼여들 생각은 없다. 사학도도 아닌 필자로선 그런 자격조차 없다.

일청·일러전쟁, 조선합병, 만주사변, 일지사변, 태평양전쟁 이 모든 것을 동아 백년전쟁의 일환으로 잡아 '그것은 지금부터 1백 년 전에 시작하여 1백 년간 싸운 후 종결된 전쟁'이고, '소화(昭和) 20년 8월 15일에 확실히 끝난 것이다'라고 한다. 그것들은 모두가 개화 연간 이래의 '서국동점(西國東漸)'에 대한 '일본의 반격'이었고, 조선합병 또한 '일본의 반격'으로서의 동아 백년전쟁의 일환이

었다고 반복해서 강조한다. 강화도 '수호조약'에 관해서
는 대원군의 배타주의를 들먹이면서 "명치 8년. 일본 군
함을 포격함으로써 '강화도 사건'을 일으켰고, 드디어는
부산·원산 등의 개항을 할 수밖에 없었다"라고 서술하
고 있다. 이 사실에 관해서는, 본편 제2장 (2)에서 말한
대로 운양호의 함장으로 하여금 '하늘에서 좋아하는 물
건이 떨어졌다'라고 말하게 한 일본측의 계획적 양동작
전의 결과였다. 일본이 한국에게 강요한 '수호조약'이 불
평등조약인 것에 관해서도, '그것은 오히려 청국과 러시
아에 대한 일본의 자위와 저항이었다고 보는 것이 옳다'
라고 한다. '중간에 낀 조선으로서는 격분 이외에 달리
표현할 수 없는 굴욕임에 틀림없으나, 나는 이 일본의 팽
창정책도 합병 후 불과 35년 만에 붕괴하고 만 것에 주목
하고 싶다'라고 말할 때, '그것이 역사라는 것이고 억울
하겠지만 체념하는 수밖에 없지 않겠는가' 하고 타이르
고 있는 듯이 들린다.

　"막부〔幕府: 장군이 다스리던 시대〕 말기에 흑선(黑船)을
보고 나서, 전함 대화〔大和: 야마토〕를 완성하기까지의 기
간은 일본이 이상한 속도로 '동양 중의 서양'으로 변모해
간 시기이다. 명치·대정·소화의 삼대를 통해서, 일본이
무엇에다 가장 힘을 쏟아가며 과학력의 정수를 기울였는
가 하면 그것은 군함이었다. 아마도 아시아 제국이 하나
씩 식민지화되어 간 사실을 눈앞에 보게 된 우리 선조들

의 깊은 우려에서 나온 것임에 틀림없다.

민족의 독립과 자위를 위하여 발휘된 놀랄 만한 에너지에는 틀림없었으나, 숙명적으로 대륙의 자원을 필요로 하게 된 것이다. 자원과 시장획득이라는 점에서 일본은 유럽 제국의 식민지 정책을 성급하게, 또한 졸렬하게 모방한 감이 든다. 근대 유럽의 자본주의가 그것을 가지고 동양을 침략했던, 그같은 무기를 동양인으로 제일 먼저 배워들여 그 창 끝을 동양인에게로 향하게 한 것이다. 중국에게 희생을 강요했으며 자신과의 사이를 찢어내는 아픔 없이는 일본의 '근대화'는 불가능했다. 적어도 사실로서, 이 모순 속에서 살아왔다. 일본인이 지적 호기심이 왕성한 것은 여러 차례 말해 왔지만, 그 미덕은 동양에 있어서는 치명적인 악덕을 동반하게 된 것이다.

내가 동양에의 회귀(回歸)라는 테마로 말하려는 참뜻은, 말하자면 '동양'에의 죄악감을 지적하고 싶기 때문이라고 할 수 있다. 특히 중국·조선 등에 대한 죄악감을 기본으로 하지 않는 한 '회귀'를 말할 자격이 없는 것이다. 이것은 각각의 나라가 어떤 정권 아래 있느냐 하는 문제가 아니다. 보다 근본적으로 동양의 국민에게 대하여 일찍이 저지른 '침략의 죄'에 대한 속죄의식의 문제인 것이다. 동양에 있어 지도자라는 의식을 완전히 버리지 않으면 안 된다. 나는 정치문제로보다는 윤리적 문제로서의 동양에의 회귀를 말하고 싶은 것이다."

전술한 문장은 가메이 가쓰이치로〔龜井勝一郎〕의 《동양에의 회귀》에서 인용한 것이다. 가메이 씨의 사상적 편력은 하야시 씨와 별로 다르지 않다고 볼 수 있겠는데, 하야시 씨에게는 가메이 씨가 말하는 '침략의 죄'에 대한 의식과 그것에 대처할 '속죄의 의식'이 빠져 있는 듯이 느껴진다.

"혁명은 나라의 내부로부터 일어난다. 그러므로 나는 일본이 공산주의나 민주주의를 수입하거나 강요하는 듯한 모든 행위에 반대한다. 반대한다기보다 그런 눈치만 보여도 화가 난다. 공연한 짓이라고 말하고 싶어진다. 이것은 '생각을 가진 일본인'의 공통된 감정이 아닐까"라고 하야시 씨가 말할 때 일본인이 아닌 필자도 납득하고 싶어지지만, 과거에 저지른 '일본의 침략'에 대하여는 그것을 인정 않고 '그것은 오히려 청국과 러시아에 대한 일본의 자위와 저항이었다'라는 말을 들을 때면 '공연한 짓이다라고 말하고 싶어진다'라는 권리를 타국인에게는 인정하려 들지 않는 듯한 느낌을 갖게 된다. 일본의 젊은 세대가 하야시 씨의 '대동아 전쟁'론을 어떻게 받아들일 것인가 하는 일말의 불안을 갖게 된다. 먼저 말한 '전전파'에 인용했던 (A)·(B)·(A)의 (B)는 하야시 씨의 그것과 맥락을 같이한다고 볼 수 있을 것이다.

한국에 있어서의 전전파는 우선은 사대주의적 사상을 가지고 있는 사람들일 것이다. 유교적 윤리에 바탕을 두고 일찍이 청나라에 대하여 '동방예의지국'이려고 애쓴 사람들이다.

1910년이라면 일본이 한국을 합방한 해이다. 합방이 8월 22일. 그 직전인 8월 15일호의 《소년》에 고주(孤舟; 가명)의 다음과 같은 글이 실려 있다. 덧붙여 말한다면 이 8월 15일호는 그때까지의 《소년》의 자세를 뒤돌아보고, '새로운 기원'을 내세우며 새로운 《소년》의 편집방침을 선전한 호인 것이다. 고주는 '조선인 청년들에게'라는 제목의 그의 글에서 이렇게 말한다.

"본론에 들어가기 전에 우선 문제를 해설할 필요가 있을 것이다.

내가 일본에 있을 때 일본인이 나를 조선인이라 부르면 나는 모욕을 받은 것 같아 불쾌했고, 한인이라 불리면 우대를 받은 듯 기분이 좋았다. 당시는 그저 무의식적으로 그와 같이 느꼈던 것이나, 지금 와서 생각해 보니 다음과 같은 이유 때문인 듯하다.

'조선민족이란 명칭은 변할 수 없는 것이다. 조선민족이란 네 글자는 정의를 상징하고, 자유를 상징하며, 강건을 상징하고, 희망을 상징하며, 광명을 상징하는 것이다. 오호! 그런데도 불구하고 나로 하여금 조선인이란 말을 치욕과 같이 느끼게 하는 힘은 그 어느 악마의 짓인가. 영예로움에 틀림없는 명칭을 싫어하게끔 한 것은 어느 악마인가?'

'제3대 조선국의 조선인은…… 취생몽사(醉生夢死)라는 잘못된 마음가짐으로 해서 우리에게까지 그 누를 끼치게끔 하였다. 그리하여 금수와 같은 무궁화동산, 조선민족의 4천 몇 년의 페이지에 먹칠을 한 것이다.'

'이러한 이유가 우리로 하여금 조선인이라는 명칭을 부끄럽다고 생각하게 하는 악마가 된 것이다' 라고 제3대 조선시대의 세대를 통박한다. 새 세대의 청년들에게는, '대한 청년인 우리들은……. 공공막막에다 모든 것을 건설하지 않으면 안 된다. 창조하지 않으면 안 된다.'

'어제의 윤리는 어제의 윤리인 것이고, 오늘에 와서는 무가치한 것이다. 오늘에 있어서는 어쩔 수 없이 오늘의 윤리가 세워지지 않으면 안 된다."

그는 '생〔삶〕'의 보존 발전에 필요한 모든 일에 있어서 천부의 양심에 따라 성의껏 노력할 것을 권하며, 이것이 보다 선인 것이고 정의인 것이라고 하고 있다. 요는 전세대와의 결별만이 살아남는 길이며, 그것이 선과 정의에의 길이기도 하다라고 주장하고 있는 것이다.

그로부터 10년 후, 즉 1919년 3·1운동 다음해에 출간된 월간지 《폐허》의 창간호(7월 25일호)에 게재된 오상순(吳相淳, 1893~1963)의 〈시대고와 그 희생〉도 거의 같은 논조에 의한 것이다. 오상순은 《폐허》의 동인으로 문단에 등장, 초창기 시단의 선구자로 일컬어지는 시인으로 그의 대표작의 하나인 〈아시아의 밤 풍경〉은 특히 유명하다.

창간호가 나왔을 당시 그는 27세였다. 여기에서 그의 글의 일부를 인용해 보기로 한다.

"우리 조선은 황량한 폐허의 조선이며, 우리 시대는 비통한 번민의 시대이다. 이 말은 우리들 청년의 심장을 찢는 것 같은 말이다. 그러나 나는 이 말을 입에 담지 않을 수 없다. 엄연한 사실이므로."

"황량한 폐허를 밟고 서는 우리들의 발 아래에 어떤 하나의 싹이 움튼다. 오, 고귀하며 기쁨인 어린 푸른 새싹!"

"이 어린 싹은 다름이 아니다. 일체를 파괴하고 일체를 건설하고 일체를 혁신혁명하여 일체를 개조재건하며 일체를 개방해방해서 참으로 바른 의미의 가치와 빛을 발하는 생활을 시작하려는 열렬한 요구! 이것이 바로 그것인 것이다"라고 하고 일체의 파괴를 우선할 것을 주장하며, 그를 위해서는 희생자의 입장이 되어야 할 것을 청년에게 호소한다. 희생이라는 자율적 비극을 통해서 혼의 비약을 기대하면서 또한,

"이러한 비극은 결코 공상이 아니다. 과거시대의 씁쓸한 회상도 아니다. 우리들에게 있어 현재의 사실, 우리 청년들 중에서 가장 신뢰할 만한 사람들에게서 볼 수 있는 사실인 것이다. 청년시대를 경과한 사람 또한 경과하려고 하는 사람에게 있어서는 거의 상상하기조차 어려울 것이다"라고 하고 현재 청년기를 참되게 살아가려고 하는 사람 이외의, 즉 그보다 앞선 모든 세대에게는 이 비극을 짊어져야 할 자격을 거절하며, 그들에게 무언가를 기대하

기는커녕 '무슨 일만 있으면 벼락같이 꾸짖기만 하는 '(어른)'으로서, 철저히 거절하고 있는 것이다.

한국에 있어서의 전중파는 아마도 오상순 씨가 대표하는 세대, 즉 한국에 여전히 끈질기게 남아 있는 유교체제적인 체질에 반발해서, 과거 일본 때문에 본의 아니게 무너져 버린 폐허 위에다 스스로의 희생을 감수하며 무언가 새로운 싹을 키우려고 번뇌해 온 세대라고 말할 수 있으리라.

고종 13년(1876년, 명치 9년)의 강화도조약(한일수교조약) 전후로부터 고종 32년(1895년) 민비 시해에 이르기까지 왕의 생부인 흥선대원군과 왕비인 민비 사이에 정권을 잡으려는 불꽃 튀는 투쟁이 반복되었다. 고종이 왕위에 오르자마자 어린 왕의 섭정으로 대원군이 정권을 잡았다가, 드디어 민씨 일족에게 권력의 자리에서 쫓겨나면서 민씨 일족에 의한 세도정치(勢道政治)로 바뀐다. 일본의 무력에 굴복하여 강화도조약을 체결하고 개국할 수밖에 없었던 이 시기는, 한국에 있어 틀림없이 위기존망의 시기였고, 대원군과 민비는 이 시기에도 서로 세도상의 주권다툼만으로 나날을 보냈다고 볼 수밖에 없다. 세도정치는 원래는 그 뜻이 다른 세도정치로, 왕의 신임과 직접적인 위임으로 정권을 잡아서 나라를 다스리는 것을 말한다. 세도인심(世道人心)을 바르게 한다는 이상적·도의적 측면을 중시하고, 인격·학식·덕망이 특히 뛰어난 사람이 여기에 임명되었다. 제22대 정조(正祖, 1776~1800) 대왕 이래 세도인심을 바르게 한다는 측면보다 권세를 휘두른다는 정치형태로 변질되면서, 세도(世道) 아닌 세도(勢道)로 불리게 되었다. 왕과 밀접한 관계가 있는 인척이 지명되고 특히 외척에 의한 세도(勢道)의 다툼은 수없이 많은 화근을 후세에 남겼다. 예를 들면 민비 살해 후에도 국가의 요직을 차지한 민씨 일족의 수는 1천 명을 넘었다고 한다. 유교체제 아래서의 종족을 단위로 하는 대가족주의의 병폐인 것이다. (김희명 저 전게서)

고주 씨나 오상순 씨 등이 거부하는 과거의 세대란 먼저 말한 정쟁이나 당쟁 같은 것에 어떤 형태로든 관여했거나, 혹은 그의 영향을 받은 사대부(士大夫)적 발상법을 떨쳐 버리지 못한 세대를 가리키고 있는 것이다. 사대부란 이조시대 특권계급인 양반 출신으로 현직·퇴직한 관리를 중심으로 한 유교적 지식계급을 말한다. 그들은 유학을 신봉하는 것을 유일한 자랑으로 알고, 가계나 신분을 배경으로 정권에 참여하였으며, 강화도조약 후 국가의 존망위기에도 대원군이나 민비의 세도다툼을 배경으로 당파싸움이나 분쟁을 일으키며 나날을 보냈다. 당쟁은 크게는 유학파의 대립, 왕실내척의 내분, 제도상의 결함 등 세 가지의 원인으로 분류되며, 그 중에서도 특히 많은 정쟁의 근원이 된 것은 상복문제나 책봉문제, 또는 왕실의 가족적 규범에 관한 것이었다. (이홍직 편, 《국사대사전》) 논제가 사회나 개인, 또는 국민의 생활향상에 있었던 것이 아니라 사회성이 결여된 관념적 도리론인 것이다. 고종 21년(1884) 김옥균 등 혁신파인 개화당에 의한 갑신정변은 삼일천하로 끝이 났다. 사대파인 수구파를 내몰고 일본의 명치유신을 본떠서 모든 것을 혁신하려 했던 것이나, 이것이 실패로 끝난 내적 원인으로는 역시 전술한 바와 같이 문벌을 중심으로 한 유교파 내에서의 관념적 대립을 들지 않을 수 없을 것이다.

고주·오상순 씨 등은 이와 같은 과거를 거절해야 할 일이라고 역설하고 있는 것이고, 한일합방에 이르기까지의 조선왕실이나 정승들에 대해 신랄한 비판의 입장에 있는 것이 확실하다. 한국인이 역사로부터 배워야 할 것이 있다면 바로 이 점일 것이다. 국가 위기를 앞에 두고의 세력다툼이 '일제 36년 굴욕'을 불러 온 것이라고. 그러나 이것은 한국인으로서의 한국역사에 대한 반성인 것이지, 일본에게 주는 면죄부가 될 수는 없다.

'일제'의 헌병 또는 경찰통치에 의한 '탄압,' 토지와 산업의 '약탈,' 식민지 교육의 '강요,' 민족말살을 위한 일어 상용＝한글의 '말살'과 창씨개명의 '강요,' 등은 역사적 사실로서 씻어 버릴 수 없는 일이기 때문이다. 친러파의 주모자라 일컬어지는 민비는, 일본의 조선공사 미우라 고로〔三浦梧樓〕의 밀명에 따라 일본인 대륙낭인에 의해 건청궁(乾淸宮)에서 참살되었다.
주재공사가 그 나라의 왕비를 살해한다는 것은 전무후

무한 폭거이며, 민비에 관하여 이러쿵저러쿵 논란하기 이전의 문제이다.

민비에 관한 논란은 한국인의 문제인 것이고, 일본에게 있어서는 입장이 난처할 이런 종류의 일들, 즉 이런저런 논란 이전에 힐책받아 마땅한 문제를 제쳐놓고 거기에서부터 '변명할 말'을 빼온다는 것은 무리한 이야기가 아닐까 한다. (A)·(B)·(A)에서의 일반적으로 밖으로 내뱉지 않는 (B)에 숨어 있는 이 논리의식이 전체적인 위화감을 가져오게 하는 것이란 생각이 든다.

2) 전중파

전중파＝제2차 세계대전 중에 청년기를 보낸 세대의 사람들이라고 《광사림》에 나와 있다. 전전파가 깔아 놓은 궤도 위를 다만 똑바로 앞만 보고 달린 사람들. 한술 더 떠서 우쭐대고 뽐내는 사람들. 가슴 아파하면서 분류에 휩싸인 사람들. 여러 가지 있으리라. 이는 전전파에게도 마찬가지였을 것이다.

"이 왜를 한층 경멸해서 부를 때 왜놈이라 한다. 확실히 왜놈이라 불려도 할 말이 없을 만큼 일본은 역사적으로 이웃나라 조선에 대하여 못된 짓을 한 것이다.

'왜놈들은 무식해서…' 하며 할머니가 손자를 잠재우면서 들려 주는 동화 같은 이야기. 이것은 일본이 조선을 지배하던 시대 거의 어느 집에서나 들려 준 이야기이다.

'그 옛날에는 왜놈들은 물건을 손으로 집어먹었더란다. 그래서 어떻게 좀 방법을 가르쳐 달라고 줄라대기에 자, 그러면 이것으로 먹으라고 젓가락질을 가르쳐 주었지. 그 때까지도 수저 쓰는 법을 가르쳐 주지 않았거든. 수저는 그 녀석들 신분엔 맞지 않았으니까. 이번에는 왜놈들이 찾아와서 조정을 만들겠다며 제발 의관정제(衣冠整齊)하는 법을 가르쳐 달라고 머리를 조아리며 부탁하기에, 그들에겐 장례의상이나 알맞을 것 같아서 그것을 가르쳐 주었단다.'

이것이 일본 평안시대 궁전 벼슬아치들이 입던 강장속〔强裝束: 위엄 있는 예복〕. 물론 민화이므로 사실과는 아무런 관계도 없다. 다만 그 모습을 상상해 볼 때 우스꽝스러운 것은, 그 악명 높은 조선총독부의 경찰관들이 여덟 팔자 수염을 기르고 아주 뻐기면서 촌길을 걷고 있을 때, 집 속에서 들은 할머니가 온돌 위에다 손자를 재우면서 모모타로〔桃太郎〕·우라시마 타로〔浦島太郎〕 등의 일본 동화를 들려 주듯이 이런 이야기들을 들려 주고 있었다는 것이다. 저항이라는 가시 돋친 언어에 걸맞지 않게 여유 있는 노민족(老民族)의 유머와 고소를 머금게 하는 이야기가 아닌가."

이상은 시바 료타로의 《가도를 가다 2, 한나라 기행》에서 인용한 것이다. 시바 씨가 '저항이라는 가시 돋친 언어에 걸맞지 않게 여유 있는 노민족의 유머와 고소를 머금게 하는 이야기가 아닌가' 할 때, '가시 돋친 저항의 이야기'는 이젠 슬슬 끝막음을 해야 하지 않을까라고 솔직히 반성하게 된다.

"물론 이곳 서울의 조선신궁은 '일제' 조선침략의 상징적 존재로서 조선인의 증오의 대상이므로 전후 제일 먼저 때려부수어졌다. 당연한 일인 것이다.
그러나 조선인은 원래 관념상으로 격분한다. 언제였던가, 지금 서울의 일본대사관이 너무 좁아서 적당한 토지를 찾고 있는데, 서울의 세론이 그것을 여간해서 받아들이려 하지 않는다라는 기사가 신문에 나와 있었다. 예를 들면 토지를 찾고 있는 단계에서 서울 남산에 적당한 자리를 발견했을 때, 서울의 신문들은 '일본은 저 조선신궁이 있던 자리에 대사관을 세움으로써 다시금 한국에다 야심의 손을 뻗치려 하고 있다'라고 격렬하게 공격했다. 참으로 말도 안 되는 공격을 하고 있는데, 어쨌든 한국인은 어느 시대부터 그렇게 되었는지 모르겠지만, 현실보다 오히려 관념으로 격하게 흥분하곤 한다.
하기는 일본의 젊은이들이 극좌·극우로 되는 경우도 일찍이 같은 조상을 가진 피의 꿈틀거림인지 모르지만, 다른 민족에서는 도저히 생각조차 할 수 없을 만큼 관념의 일대 진동체가 되어 정치청년이라는 고대 무속인 그대로의 신들린 사람처럼 되는 경우가 많으므로, 우리는 서로 원형으로 서로 닮아 있다고 볼 수 있다."

이것 또한 시바 씨 전게서에서 인용한 것이다. 서울의

신문의 공격을 '말도 안 되는 공격'이라 하면서, 아마도 그는 시치미를 떼고 있는 것으로, 우선은 '그러나 조선인은 어느 시대부터 그렇게 되었는지 모르겠지만 현실보다도 오히려 관념으로 격하게 흥분하곤 한다'라고 하는 말을 하고 싶다는 의도로 받아들일 수 있다. 여기에서 반발이라도 한다면 '그렇지, 그것 보라구' 하고 순진한 듯이 시치미를 뗀다 할까, 시원스러움이랄까가 느껴지는 것이다. 그의 순진함으로 위장된 시치미떼기가 좋은 의미에서의 전중파의 것일 터이다. 우리로서는 '관념으로 격하게 흥분한다'는 것에 대하여 자기 반성하는 쪽으로 끌려가게 된다.

이것 역시 (A)·(B)·(A)의 구성에 해당하는 것으로 (B)이면서도 가시 돋치지 않은 듯한 느낌을 받게 한다. 그의 작품을 여럿 읽고 있어서 시바 씨의 최면술에 걸린 것이나 아닌지. 그는 능글맞은 데가 있는 것이다. 술래잡기를 하면서 술래에게 잡히는 것이 싫어서 집으로 돌아가 잠들어 버리려는 능글맞음인 것이다.

위에서 강화도 사건과 관련해서 왕정복고 후의 일본 정부가 조선의 동래부사에게 전한 문서를 '서계격식전규에 잘못이 있음'이라고 하며, 일본에서의 국서를 받아들이지 않은 것에 대하여 말한 적이 있다. 그간의 사정에 대한 시바 씨의 해설을 내친 김에 인용해 둔다.

"도쿠가와〔德川〕 기(期) 동안 막부(幕府)는 대한 외교를

대마 도주 무세에게 일임하고 있었는데, 경응(慶應) 4년
(1868) 정월 도쿠가와가 도바후시미〔鳥羽伏見〕전에서 패
하고 신정부의 권위가 약하긴 하지만 성립되었을 때, 신
정부는 종전과 같이 대마 도주에게 '대한외교를 위임한
다'고 시달하였다.《태정관일지》3월 23일 항목에 나와 있
다. 계속해서 그해 9월 무진전쟁의 전망이 섰으므로 한국
에 대하여 명치유신 성립의 국서를 보내기로 하고, 대마
도주로 하여금 그 메신저 노릇을 하게 했다.

그 문장은 신정부에서 썼다. 직역해 보면,

"우리 나라는 황조로부터 끊임없이 태정을 총괄해서 2
천여 년이 된다. 그런데 중세 이후 정권이 무장에게 넘어
가 외교 또한 무장에게 맡겨졌다. 그러나 이번에 막부를
폐하고 새로이 왕정을 세웠다. 부디 좋은 관계를 맺어 만
세에 길이길이 변함없는 우의를 맺고 싶다. 이것은 우리
황상(皇上)의 의지인 것이다."

이 정도의 국서이다. 그러나 이것을 보고 서울의 정부
가 크게 노했다. 이에 관해서는 제2편 '얄미운 일본 사
람'의 제2장의 (2) '묻어둔 불씨──일본의 근대화'에서
도 다루었다. '한국 사람은 화를 잘 내는 민족이긴 하지
만, 그렇다 해도 이 국서를 현대의 한국 사람이나 일본
사람이 읽어본다면 어디를 보고 왜 화를 냈을까 상상도
못할 것이다.

'이런 국서는 지난날의 예의에 어긋난다. 양식도 문장
도 용어도 거기에다 인장까지 다르다. 받아들일 수 없다'
라고 서울에서 부산으로 돌려보냈다. 일한 외교의 장소는

부산의 초량에 있는 대마 도주의 '왜관'이다.

　서울의 정부가 화를 낸 것은, 이 문장 중에 황조 황상이라는 문자가 자주 쓰였기 때문이다.

　'황(皇)'이란 황제를 칭한다. 조선으로 보면 황제란 이 우주에 오직 한 사람. 중국의 황제뿐이었던 것이다. 조선은 이왕가(李王家)라고 하여, 한 계급 아래의 왕인 것이다. 당시의 한국은 서양식으로 해석한다면 독립국이지만, 그러나 동양식으로 본다면 중국을 '종주국'으로 받들고 있는 터였다. 자꾸 반복하는 듯하지만, 서양식의 속국은 아니지만 동양식으로 해석한다면 이것은 아마도 법률어는 아니고 문명어이겠으나, 말하자면 자진해서 중국 문명의 산하로 들어감으로써 중국 황제를 종주로 모신다는 뜻이 될 것이다. 이 때문에 서울 이곳저곳에 있는 이씨 왕조의 궁전에 가보면, 그 문양에서 같은 상상 속의 동물이긴 하지만 봉황은 있어도 용을 찾아볼 수 없다. 용은 어디까지나 중국 황제를 상징하는 것으로 한 계급 아래서 왕 신분으로선 사용할 수 있는 것이 아니다. 필자는 혹시나 하는 생각에서 이번 한국 여행중 서울의 고궁을 찾았는데, 역시 봉황은 있으나 용 문양은 없었다. 이씨 왕조가 중국에 대한 의리를 생각하여 쓰지 않았던 것이다. 중국에 예속되어 있지 않으면서도 이러한 것을 지키는 것이 예(禮, 질서적 규범)이고 의(義)이고, 그러하였기 때문에 어느 한 시대 중국인이 그 시대의 조선을 가리켜 '동방예의지국(東方禮義之國)'이라고 크게 칭찬했던 것이다. 이 일은 되풀이해서 말하지만 서양식의 본국·속국이

란 관계보다는 굳이 말하자면 장유유서(長幼有序)에 가깝
다. 한국의 이씨 왕조는 스스로 왕이 되어 결코 '황제'라
불리는 예의 없는 짓은 하지 않았던 것이다. 그런데 일본
은 예로부터 천황이라 한다. 황을 쓰고 있다. 이 일에 대
해서는 중국이 언젠가 확실히 그것을 문제로 삼아 쓴 문
장이 있었으나 필자는 지금 그것을 찾아낼 자신이 없다.
다만 그 문장에서 '무식한 사람은 어쩔 수 없구나'라는
결론이었다. 대인답지 못하게 일부러 항의할 수도 없으니
중국측은, '왜는 예의도 의리도 없다'라고 무시해 버리면
그만이었던 것이다.

　그렇긴 하지만 일본은 조선과 역사적으로나 지리적으
로 사정이 전혀 다르다. 일본의 경우 조선과 같이 중국
문명을 직접 받아들인 것이 아니고 서물(書物)을 수입함
으로써 알게 된 것이다. 유교를 책을 통해서 받아들인 것
이지, 관혼상제나 그밖의 일상습관 또는 사회체제로서 받
아들인 것이 아니다. 다만 예의로선 대화개신(大化改新)
때 갑자기 생각이 나서 중국체제의 나라를 세우려 했고,
그 우등생적 모방이 보기 좋게 실패하자, 결국은 조선과
같이 중국 체제를 취하지 않고, 일본 자기식의 체제를 유
지한 채 여러 가지 변화를 갖게 된다. 이 때문에 일본은
좋게 말하면 소중화(小中華)이고, 중국이나 한국에서 볼
땐 비문명국이 되는 것이다.
　요는 일본인에게 있어서 '황'이란 문자는 당연한 것인
데도, 중국식의 해석으로 보면 서울이 온통 들끓을 만큼

얼토당토않은 문자를 쓴 것이 된다. 한국 쪽에서 보면 '내가 왕인데 이놈들이 이번에는 황제란 칭호까지 썼다' 하는 이야기가 되는 것이다. 일찍이 도요토미 히데요시〔豊臣秀吉〕가 관백이란 최고 호칭을 내세우고 조선을 침략해 오더니, 이번에는 또 무엇이야. 말도 안 되는 관을 쓰고 오지 않았나 하는 생각을 했음에 틀림없다. 다만 문자만으로도 당연 모욕과 침략의 암시를 느꼈음에 틀림없다. '나라'라는 것의 인식은 문화가 비슷하면 할수록 그와 같이 심히 서로 달라지게 되는 것이다.

대마 도주는 괴롭다.
이 도주는 그러한 사정을 이미 잘 아는 바였고, 대처할 요령도 잘 알고 있었다. 히데요시의 사건 때나, 또한 질서가 세워졌던 도쿠가와〔德川〕 시대조차도 대마 도주는 그에게 온 공문서에 살짝 손을 대서 문구를 수정한 다음, 이 왕조의 고관들의 문장의식을 쓸데없이 자극 않도록 고심해 왔다. 그런데 이러한 냉정한 도주조차도 혁명의 열기에 휩싸여서인지 명치 신정부의 이 문서에 한해서는 부주의하게도 그대로 부산에 가져가 한성부에 보내 버린 것이다."

시바 씨도 지적했듯이 '나라'라고 하는 것의 인식은 문명이 비슷하면 할수록 어려운 관계인 것이고, 비슷하지 않은 부분에 관한 인식이 자칫하면 빠져 버리기 쉽다. 비슷할수록 자기의 잣대로 상대를 재지 말고, 상대의 잣대와의 차이점을 세심하게 살펴볼 필요가 있다라는 역사적 교훈인 것이다.

3) 전후파

한국에 있어서 현재 중심적인 역할을 맡고 있는 것은 1945년 이후 출생한 한글세대이다. 연령으로 해서 50세 전후이다. 그들은 일본어를 모른다. 한자도 거의 모른다. 철저한 반공반일 민족교육을 받아 온 세대이다.

'일본인은 어째서 한국인을 한국어 읽기로 읽어 주지 않는가'라고 크게 반발한다.
만약 일본인의 藤原을 한국어 읽기로 '등원'이라고 부르면 알아듣겠습니까? 松原을 '송원'님 하면 알겠습니까?

일본어는 음의 영역이 좁다. 따라서 들어도 구별이 안 되는 음이 많이 있다. 이러한 사정도 있지만, "한국에도 한자가 있습니까? 깜짝 놀랐습니다"라고 하는 일본인이 젊은 세대, 특히 일본의 전후파 중에는 많이 있다. 한자 읽기는 한음(漢音)·당음(唐音)·오음(吳音) 등으로 중국 시대에 따라 제법 달라서 예를 들면, '行燈'은 '고도〔漢音〕' 또는 '교도〔吳音〕'라고는 읽지 않고 일본어로 '안동'이라고 당음〔唐音〕——정확히 말하면 당음의 와전으로 읽는다. 한자 한문의 대부분은 백제를 경유하여 일본에 전해졌으므로, 그 읽기에 있어 한글 사투리가 한 번 더 일본풍으로 바뀌어 전해진 것이다. 동일한 한자 읽기가 원칙적으로 중국어 읽기, 한국어 읽기, 일본어 읽기에서 다소간 또는 심히 달라지기도 한다. 이러한 사실을 모르는 일본인이 많은 것이다.

李承晩은 '이승만'이지 '리쇼만'은 아닌 것이다. 무례하지 않은가. 일본인이 비음에 약한 것은 알고 있지만, 하다 못해 '이슨만'이라고는 불러야 하지 않는가. 예를 들어 아메리카의 대통령은 '루즈베르도'라고 제대로 부르고 있지 않은가.

요는 같은 한자라도 나라가 달라지면 외국어인 것이다. 같은 알파벳도 영어와 프랑스어의 구별이 있다. 독일 명은 독일어로, 영국명은 영국어로 읽는 것이 바른 것이다. 중국어에는 일본의 히라가나[平假名]·가타가나[片假名], 혹은 한글에 해당하는 것이 없다. 한자뿐이고, 예를 들어 잉글리시는 英吉利西라고 음에 따라 한자를 뽑아 쓴다. 중국인에게 있어 이것은 '잉글리시'라는 음에 가장 가까운 것이고, 영(英)은 '에이'라고 발음하지 않는다.

한글세대는 철저한 반일민족교육을 받았다. 반일교육은 과거에 있어서의 일본이 저지른 한국침략사를 가르치는 것이고, 민족교육은 역사에 입각한 민족의 긍지를 가르치는 것이다. 긍지와 자신에 찬 세대 ――그것이 한글세대이고, 그들은 그 긍지와 자신을 현실의 세계에서 착실하게 한 걸음 한 걸음 확인하면서 살아온 것이다. 모자라는 점을 나아가 배우며 자기를 비하하는 법이 없다. 그들은 지극히 근면하며 의욕에 불타고 있는 것이다. 때때로 귀국하면 그것을 절실하게 느끼게 된다.

그러면 그들 한글세대는 일본의 전전파, 혹은 전전파를 닮은 전중파와는 아마도 전혀라고 할 정도로 말이 통하지 않을 것이다. 한글세대에 속하는 통역이라면 혹시 통역을 거절할지도 모른다. 도리(道理). 도리의 기질은 여전히 그들 가운데 살아남아 있으므로, 그렇다면 일본의 전후파와는 이야기가 잘 통할 것인가 하고 일말의 불안을 갖게 될 때가 있다. 일본의 전후파는 그들의 긍지를 알 수 없을 것이고, 자연스럽게 알게 되는 것에 의해 서로 통하게 되는 것이다. 하나의 문화, 하나의 민족이 다른 문화, 다른 민족에게 우월감을 갖게 되면, 그 통할 수 있는 길은 이미 막혀 버리게 되고, 자화자찬이란 이름의 불모의 사막 속에 핀 수꽃이 되고 만다. 열매 맺을 수 없는 꽃으로 피었다가 지고 말아도 상관없다. 그러나 한국에, 만주에, 중국에, 아니면 동남아 제국에게 깊은 손톱자국을 남긴 과거의 일본과 같은 혐오감이 드는 수꽃만은 되지 않아 주었으면 하고 바라 마지않는다. 한글세대는 일본의 당용한자세대(當用漢字世代)와 동일 세대에 속한다. 도리. 도리를 따지는 한글족과 겉차림과 본심을 나누어 쓸 줄 아는 당용한자족과는 일상적 관습에서도 커다란 차이가 있으나, 그런 차이가 있기 때문에 더욱 폭넓은 그리고 더욱 깊이 있는 교류가 자연스럽게 이루어질 가능성도 있을 것이다.

4) ○○파를 초월하는 것

전전파이거나 혹은 전중·전후파거나, 이것은 태어난 연대로만 나눌 수 있는 것이 아니다. 전중파라고 해도 전전파를 닮은 사람들도 있다. 반대로 연대적으로 전전파이지만 전전파가 아닌 사람도 많이 있는 것이다. 필자가 수사옹을 만나뵙고 얼마 안 되었을 때 옹에게서 책 한 권을 받았다. 가토 쇼린진〔加藤松林人〕 화백이 쓴 수필화집 《조선의 아름다움》이 그것이다. 명치 말기에 태어난 분인 듯하다. 옹이 왜 필자에게 이 책을 주셨는지는 모르겠으나, 《조선의 아름다움》을 펴볼 때마다 마음이 깨끗이 씻겨지는 듯한 느낌이 든다. 가토 쇼린진이 그린 삽화도 아름답지만, 그림 하나하나에 씌어 있는 수필 또한 따뜻한 인정미가 넘친다. 사철마다의 산수 풍경, 널뛰기나 연날리기 등의 설놀이, 김치의 맛과 온돌의 따스함, 꽃·바다·산에다 하늘까지, 높새바람이 불면 농작의 피해를 걱정하고 고도를 찾아서는 역사의 회고에 빠진다. 따뜻하고, 옛날이 그리워지며, 마치 조선의 하늘인 양 어디까지나 맑고 투명하다. 삽화를 곁들인 수필인 만큼 최남선의 《조선상식문답》보다도 친근감 있는 조선의 이것저것이 마음에 스며든다.

수사 옹이 일본에 오신 것은 조예가 닪이 앞선 일본과의 깊은 외교관계를 맺기 위해서였다. 《조선의 아름다움》은 옹의 심금을 울리는 무엇이 있어서였을 것이다.

"개인적인 사귐에서나 국가·민족의 교류에서나 서로가 결점을 따지거나, 혹은 무관심한 한 도저히 따뜻한 이해에 이를 수 없다. 일본과 조선은 지리적으로나 역사적으로나 지금까지도 깊고도 오랜 인연을 맺어 왔으며, 쌍방이 서로 충분히 서로를 알고 있다고 생각하면서도 그것이 오히려 진실한 이해를 방해하고 있어, 관심과 흥미를 엷게 하고 있는 것일지도 모른다.

…………

모두가 이웃에 대해 애써 서로의 좋은 점을 인정하고 그 안에 있는 아름다움을 찾아내 보려는 노력에서 호의가 싹트고, 바른 이해와 교류가 성립되어 가는 것이 아닐까."

화집의 후기에서 가토 화백은 이같이 술회하고 있다. 전전, 전중, 전후파가 어쩌니저쩌니 하며 떠들어대는 것을 나 스스로도 경박하다고 생각한다. 돌아가신 수사 옹의 뜻이 과연 여기에 있었을까 자문도 해본다. 《조선의 아름다움》의 서문에서 다음의 시를 인용하면서 이 장을 끝낸다.

서(序)에 대신하여
—그후 십 년—

　　　　　　가토 쇼린진〔加藤松林人〕

그후 십 년
지금도 조선에 쏠리는 나의 마음
그것을 어떻게 이야기해야
다 말할 수 있을까요

스무 살부터 쉰 살까지
삼십 년 가까운 세월을 그곳 풍물에 길들여지고
그것을 그림으로 그리며
때론 시가(詩歌)로도 불렀습니다만

아니 그보다
추워지면 온돌이 그립고
차츰 따뜻해지면
저 나무울타리에 핀 개나리의 노란빛이 눈에 선합
니다.

평범한
그 하루하루의 생활 속에 살아 있는 그리운 모습
지나 버리면 그 어느것이나 어제 일 같고
옛 추억은 모두가 정화되어 아름다워지는 것

돌아와서는 조국의 한구석에
마치 세상에서 버려진 사람인 양 되어 버린 우리에게
때로는 전해지고 들려오는 그곳의 소식
끊임없이 조선의 일들이 마음에 걸립니다.

그로부터 십 년
회천(回天)
광복(光復)
그 감격과 기쁨도 눈 깜짝할 사이
독립과 번영에의 희망의 발걸음도
글쎄요. 그리 평탄한 길뿐은 아닌 듯

38선
두 개의 조선
아직 뿌리 내리지 못한 이 나라의 근대문화가
훑고 간 동란으로 해서 받은 아픔도 쉽게 낫지는 않
으리

해마다 몰아치는 태풍과
천재(天災)의 극복도 쉽지 않으리
거기에다
여전히 남아 있는 외부의 간섭과 내부의 정체
곤란의 정도는 지금의 일본보다 한층 깊은 것으로 생
각됩니다.
그런 가운데서

번화가나 전원에서 일하는 사람들의 식량은 걱정 없
는지요.
아이들은 무언가 읽을거리라도 가지고 있는지요.
제일 약한 일거리
그림이나 공예 들은 어떻게 되어 있는지요.
선의의 사람들은 언젠가 내쫓기고
성심도 자칫 짓밟혀 버리기 쉬운 세상 풍경
말하자면
어디로 가야 할지. 어찌할 줄 모를 일이 있더라도.
그것은 당연한 일!

들풀은 밟히고 채여도 여간해서 시들지 않는 것
말하자면
다시 일어서 살기 위해
이것저것 가릴 수 없다는 필사의 소망이
현재 그곳 사람들의 마음이 아닐까요

이렇게 살고 있는 나의 귀에까지도
그들의 절실한 기원의 목소리가 아득히 울려오는 듯
합니다.
그래서
나 나름대로
너무나 그곳 일에 마음이 쓰여 걱정되는 것입니다.
비록 지금의 나의 힘으론
무엇 하나 도움이 되는 일 해드릴 순 없지만

또한 비록
쓸데없는 일이라고 꾸중을 듣더라도
여전히 나는 마음이 쓰여 조선의 일이 잊혀지지 않는
답니다.

(1956. 3. 7)

추 기

본장의 여러 곳에서 제법 많은 문장을 차용해서 썼습니다. 가능한 한 원본을 밝히려 했습니다만 누락된 것이 있다면 양해를 구합니다.

김희명 저 《흥선대원군과 민비——최신 왕조 최근세사》는 여러 가지로 참고가 되었다. 일찍이 저자를 뵌 적이 있다. 베레모를 쓰시고 아마도 작은 체구이셨던 것 같은데, 이 책이 어떻게 해서 필자의 손에 있는지는 알 수가 없다. 이번 기회에 읽어보면서 모국의 역사에 대해 너무도 모르는 것이 많은 자신을 발견하고 내심 부끄러웠다.

김정주 편 《한래(韓來)의 문화》의 첫장에 '증정'이라 되어 있고, 편자의 서명이 있다. 굉장히 오랫동안 뵙지 못하고 있다. 한래의 문화를 일본 속에서 찾으려는 그분의 끈질긴 노력은, 아마도 현재의 일본인과 한국인이 좀더 솔직한 마음으로 이해해 주기를 바라는 마음으로부터의 기원 때문일 것이다.

김소운 역 《조선 시집》(소화 18년. 1943년. 興風館)은 '전기'와 '중기'만이 간행되어, '후기'는 결국 햇빛을 보지 못했다고 한다. 1943년이라면 일본어 상용령이 나온 다음 해이므로 설혹 일본어 역이라 하여도, 조선의 마음을 노래한 그들 시의 출판은 시국으로 봐서 허가를 얻지 못했을 것이다. 1879년 태어난 한용운의 작품을 위시해서 '40년의 조선 시단을 세로 꿰뚫어 작품을 총망라한다'는 의도는, 대정 말기에서 소화의 전반에 걸친 약 10년간의 중견시인 27인의 작품을 수록한 '중기'에서 좌절하고 만다. 참으로 아쉬운 일이었다고 지금도 생각한다.

가토 쇼린진 수필시화집 《조선의 아름다움》은 1958년 소화 33년 6월 5일 가토 쇼린진 작품분포회 발간이라고 되어 있다. 아마도 한정판이라고 생각되는데, 가능하다면 책을 몇 권 손에 넣어 이 사람 저 사람 친한 일본 사람 한국 사람에게 보내 주고 싶다.

시바 료타로는 한국통이다. 일본의 시대물을 다룬 작품(역사소설)은 너무나 현대풍의 해석으로 '글쎄' 하고 고개를 갸우뚱하게 하긴 하지만, 그것이 가능한 것 역시 그가 일본통일 뿐 아니라 동시에 외국통이기 때문일 것이다.

HAN WOO KEUN: The History of Korea(1970), 국사편찬위원회 《한국사》, 이홍식 편 《국사대사전》, 하타 다 다카시〔旗田巍〕《한국사》, 야마베 겐타로〔山邊健太郎〕

《일한합병소사》그외 많은 책을 참고로 했다.

　한국 서울의 성균관대학 강신항 교수 내외분께는 여러 가지로 도움을 많이 받았다. 한일합방에서 해방에 이르기까지의 문헌·신문·잡지 등 여러 가지 자료를 모아 주셨다. 특히 여기에서 사의를 표하고 싶다.

후 기

필자는 동경대학에서 사방공학(砂防工學)을 전공하고,
학위 취득 후 고국이 군사정권하에 있기 때문에 귀국을
보류한 채 지금 필자가 재직하고 있는 산사태 관련의 컨
설턴트회사의 창립에 참여하여 현재에 이르고 있다. 내년
만 70이 되는 해 사직을 하고, 고국에 돌아가 여생은 문
필생활로 보내려고 준비중이다.

일본에서의 산사태공학은 1958년 이사하야 대수해가
계기가 되어 제정된 산사태등방지법에 근본을 둔 산사태
지반사업의 추진과 더불어, 겨우 그 체계를 갖추게 되었
다. 1989년에 《산사태공학 ── 이론과 실천》, 1995년어
《산사태공학 ── 최신 토픽스》의 두 권 모두를 산카이도
〔山海堂〕에서 출판하고 일본에서 해야 할 일은 일단 끝났
다고 생각한다.

두번째 책을 쓰는 단계에서 정력을 다 소모하고 거기어
다 간암의 수술까지 겹치게 되니, 허탈상태에서 2년간 신
음했다. 고국의 선산에다 가묘를 정하고 생전 묘비를 건

립하고 나서 겨우 허탈상태에서 빠져 나올 수 있었다.

본서는 약 반세기에 걸친 일본체재 후에 일본에게 남기고 가는 선물, 돌아가려는 고국에는 들고 가는 선물의 마음가짐으로 쓴 것이며, 일본에의 감사와 고국에의 사죄의 뜻이라 하겠다.

'가깝고도 먼 나라'로서의 한국과 일본 사이가 마음이 서로 통하는 관계가 되기를 염원하며, 한국과 일본에서 동시 출판하고자 한다. 한국판을 출판함에 있어 모국어 쓰기의 서투름에 새삼 송구함과 부끄러움을 느끼며, 어색한 곳을 다듬어 준 한국의 서예가 지윤명 선생에게 고마운 마음을 전하고자 한다.

"개인적인 사귐에서나 국가민족의 교류에서나 서로가 결점을 따지거나 무관심한 한 도저히 따뜻한 이해에 이를 수는 없다. 일본과 조선은 지리적으로나 역사적으로나 지금까지 깊고도 오랜 인연을 맺어 왔으며, 쌍방이 서로 충분히 알고 있다고 생각하면서도 그것이 오히려 진실한 이해를 방해하고 있어 관심과 흥미를 엷게 하고 있는 것인지도 모른다.
......
모두가 이웃에 대해 애써 서로의 좋은 점을 인정하고, 그 안에 있는 아름다움을 찾아내 보려는 노력에서 호의가 싹트며, 바른 이해와 교류가 성립되어 가는 것이 아닐까."

최후의 장에서 인용한 가토 화백의 말씀이다. 따뜻하고도 머리가 숙여지는 말씀이기도 하다.

한편 시바 씨가 지적하고 있는 것과 같이, 문화가 비슷하면 할수록 비슷하지 않은 부분에 대한 인식이 자칫하면 빠져 버리기 쉽다. 본서가 그 빠져 버리기 쉬운 부분의 인식을 메워 주는 데 도움이 되기를 마음으로부터 기원하여 마지않는다. 인생의 3분의 2 이상을 일본에서 보낸 필자에게 있어, 일본은 심정적으로 이미 제2의 고국인 것이고, 죽어서 뼈는 한국에 묻힌다 해도 아마도 넋은 일본의 산천 위를 떠돌 것이다.

1997년 10월 16일 조병화 선생의 《여행 —— 가깝고도 먼 이국의 친구에게》라는 시화집을 오사카 해풍사에서 일본어로 출판했다. 저자 조병화 선생님은 필자의 서울고교 시절 은사로 현재 대한민국예술원 원장을 맡고 계시다. '한국의 얼굴'로서 시단의 중진이시다. 감히 필자가 번역을 하겠다고 나선 것은 47년간이나 고국을 떠나 있었던 것에 대한 사죄의 뜻과, 한일간의 문화적 유대를 위해 조그만 다리 역할이라도 하고 싶은 비원에서였다.

삶에 익숙해진 일본을 떠나면서 직접·간접으로 신세진 많은 분께 마음으로부터의 감사의 뜻을 전하며, 노그를 감싸 줄 한국으로 향한다. 안녕히 계십시오! 생전묘터 제막식 때 지어서 읽었던 '사세(辭世)의 시'를 다음에다

적으면서 이별의 아쉬움을 달래 본다. 안녕히 계십시오.

1998년 10월 10일   저자

고담(枯淡) 신윤식(申潤植)

저녁 노을의 동산

사람의 아들로서 이 세상에 태어났거늘
성현님의 가르침 오직 한 길로
애써 닦고 배워 왔건만 내 그릇 그리 적거늘
아! 나요 터무니없이 잘못 살았네

뜨겁게 끓어오르는 청운을 가슴에 품고
밀선 타고 건너온 현해탄 바다
파도만이 너무 거세고 내 보람 그리 적거늘
아! 나요 터무니없이 잘못 살았네

저녁 노을 동산의 정상에 서 있노라니
참고 이긴 나날엔 뉘우침 많고
애써 공들여 쌓아올린 내 경륜 그리 적거늘
아! 나요 터무니없이 잘못 살았네

1997년 6월 30일

態超　枯淡

【저자 프로필】

1929년 1월 1일 한국 서울에서 출생하다.

[학 력]
1949년 6월: 한국 서울 중·고등학교를 졸업하고, 동년 9월 서울대학교 공과대학 전기공학과에 입학하다.
1951년 11월: 3학년에서 중퇴하고 도일(渡日)하다.
1952년 4월: 일본 동경대학 이과 1학년에 입학한 후 학부, 대학원, 박사과정을 거쳐
1963년 3월: 농학박사 학위를 취득하다(사방공학전공).

[경 력]
1966년 5월: 일본국토방재기술주식회사 창립에 참여하여 기술부장으로 취임.
1997년 8월: 동사 회장으로 추대되어 재직중.

[저 서]
1989년 3월: 《산사태공학 이론과 실천》(일본 산해당).
일본산사태학회상 수상
1996년 3월: 《산사태공학──최신 토픽스》(日本 山海堂)

[지 향(志向)]
작가. 미발표 장편 《신화의 토지》가 있고, 비원의 테마 《청기와쟁이의 노래》는 아마도 '햇빛을 보기 어려우리라' 생각하지만, 여생의 즐거움으로 남겨두고 싶다.

터무니없는 한국 사람
얄미운 일본 사람

초판발행 : 1998년 10월 23일
2쇄 발행 : 1998년 11월 10일

지은이 : 申潤植
펴낸이 : 辛成大
펴낸곳 : 東文選
제10-64호, 78. 12. 26 등록
서울 종로구 관훈동 74
전화 : 737-2795

ISBN 89-8038-708-303810

【東文選 文藝新書】

1 저주받은 詩人들	A. 뻬이르 / 최수철·김종호	개정근간
2 민속문화론서설	沈雨晟	40,000원
3 인형극의 기술	A. 훼도토프 / 沈雨晟	8,000원
4 전위연극론	J. 로스 에반스 / 沈雨晟	12,000원
5 남사당패연구	沈雨晟	10,000원
6 현대영미희곡선(전4권)	N. 코워드 外 / 李辰洙	각 4,000원
7 행위예술	L. 골드버그 / 沈雨晟	10,000원
8 문예미학	蔡 儀 / 姜慶鎬	절판
9 神의 起源	何 新 / 洪 熹	10,000원
10 중국예술정신	徐復觀 / 權德周	18,000원
11 中國古代書史	錢存訓 / 金允子	8,000원
12 이미지	J. 버거 / 편집부	12,000원
13 연극의 역사	P. 하트놀 / 沈雨晟	12,000원
14 詩 論	朱光潛 / 鄭相泓	9,000원
15 탄트라	A. 무케르지 / 金龜山	10,000원
16 조선민족무용기본	최승희	15,000원
17 몽고문화사	D. 마이달 / 金龜山	8,000원
18 신화 미술 제사	張光直 / 李 徹	10,000원
19 아시아 무용의 인류학	宮尾慈良 / 沈雨晟	8,000원
20 아시아 민족음악순례	藤井知昭 / 沈雨晟	5,000원
21 華夏美學	李澤厚 / 權 瑚	10,000원
22 道	張立文 / 權 瑚	18,000원
23 朝鮮의 占卜과 豫言	村山智順 / 金禧慶	15,000원
24 원시미술	L. 아담 / 金仁煥	9,000원
25 朝鮮民俗誌	秋葉隆 / 沈雨晟	12,000원
26 神話의 이미지	J. 캠벨 / 扈承喜	근간
27 原始佛敎	中村元 / 鄭泰爀	8,000원
28 朝鮮女俗考	李能和 / 金尙憶	12,000원
29 朝鮮解語花史	李能和 / 李在崑	15,000원
30 조선창극사	鄭魯湜	7,000원
31 동양회화미학	崔炳植	9,000원
32 性과 결혼의 민족학	和田正平 / 沈雨晟	9,000원
33 農漁俗談辭典	宋在璇	12,000원
34 朝鮮의 鬼神	村山智順 / 金禧慶	12,000원
35 道敎와 中國文化	葛兆光 / 沈揆昊	15,000원
36 禪宗과 中國文化	葛兆光 / 鄭相泓·任炳權	8,000원
37 오페라의 역사	L. 오레이 / 류연희	12,000원

38 인도종교미술	A. 무케르지 / 崔炳植	14,000원
39 힌두교 그림언어	안넬리제 外 / 全在星	9,000원
40 중국고대사회	許進雄 / 洪 熹	22,000원
41 중국문화개론	李宗桂 / 李宰碩	15,000원
42 龍鳳文化源流	王大有 / 林東錫	17,000원
43 甲骨學通論	王宇信 / 李宰錫	근간
44 朝鮮巫俗考	李能和 / 李在崑	12,000원
45 미술과 페미니즘	N. 부루드 外 / 扈承喜	9,000원
46 아프리카미술	P. 윌레뜨 / 崔炳植	10,000원
47 美의 歷程	李澤厚 / 尹壽榮	15,000원
48 曼茶羅의 神들	立川武藏 / 金龜山	10,000원
49 朝鮮歲時記	洪錫謨 外/李錫浩	30,000원
50 河 殤	蘇曉康 外 / 洪 熹	8,000원
51 武藝圖譜通志 實技解題	正 祖 / 沈雨晟·金光錫	15,000원
52 古文字學 첫걸음	李學勤 / 河永三	9,000원
53 體育美學	胡小明 / 閔永淑	10,000원
54 아시아 美術의 再發見	崔炳植	9,000원
55 曆과 占의 科學	永田久 / 沈雨晟	8,000원
56 中國小學史	胡奇光 / 李宰碩	20,000원
57 中國甲骨學史	吳浩坤 外 / 梁東淑	근간
58 꿈의 철학	劉文英 / 河永三	15,000원
59 女神들의 인도	立川武藏 / 金龜山	13,000원
60 性의 역사	J. L. 플랑드렝 / 편집부	18,000원
61 쉬르섹슈얼리티	W. 챠드윅 / 편집부	10,000원
62 여성속담사전	宋在璇	18,000원
63 박재서희곡선	朴栽緒	10,000원
64 東北民族源流	孫進己 / 林東錫	13,000원
65 朝鮮巫俗의 硏究 (상·하)	赤松智城·秋葉隆 / 沈雨晟	28,000원
66 中國文學 속의 孤獨感	斯波六郎 / 尹壽榮	8,000원
67 한국사회주의 연극운동사	李康列	8,000원
68 스포츠 인류학	K. 블랑챠드 外 / 박기동 外	12,000원
69 리조복식도감	리팔찬	10,000원
70 娼 婦	A. 꼬르벵 / 李宗旼	20,000원
71 조선민요연구	高晶玉	30,000원
72 楚文化史	張正明	근간
73 시간 욕망 공포	A. 꼬르벵	근간
74 本國劍	金光錫	40,000원
75 노트와 반노트	E. 이오네스코 / 박형섭	8,000원

76	朝鮮美術史研究	尹喜淳	7,000원
77	拳法要訣	金光錫	10,000원
78	艸衣選集	艸衣意恂 / 林鍾旭	14,000원
79	漢語音韻學講義	董少文 / 林東錫	10,000원
80	이오네스코 연극미학	C. 위베르 / 박형섭	9,000원
81	中國文字訓詁學辭典	全廣鎭 편역	15,000원
82	상말속담사전	宋在璇	10,000원
83	書法論叢	沈尹默 / 郭魯鳳	8,000원
84	침실의 문화사	P. 디비 / 편집부	9,000원
85	禮의 精神	柳肅 / 洪 熹	10,000원
86	조선공예개관	日本民芸協會 편 / 沈雨晟	30,000원
87	性愛의 社會史	J. 솔레 / 李宗旼	12,000원
88	러시아 미술사	A. I. 조토프 / 이건수	16,000원
89	中國書藝論文選	郭魯鳳 選譯	18,000원
90	朝鮮美術史	關野貞	근간
91	美術版 탄트라	P. 로슨 / 편집부	8,000원
92	군달리니	A. 무케르지 / 편집부	9,000원
93	카마수트라	바짜야나 / 鄭泰爀	10,000원
94	중국언어학총론	J. 노먼 / 全廣鎭	18,000원
95	運氣學說	任應秋 / 李宰碩	8,000원
96	동물속담사전	宋在璇	20,000원
97	자본주의의 아비투스	P. 부르디외 / 최종철	6,000원
98	宗敎學入門	F. 막스 뮐러 / 金龜山	10,000원
99	변 화	P. 바츨라빅크 外 / 박인철	10,000원
100	우리나라 민속놀이	沈雨晟	15,000원
101	歌 訣	李宰碩 편역	20,000원
102	아니마와 아니무스	A. 융 / 박해순	8,000원
103	나, 너, 우리	L. 이리가라이 / 박정오	10,000원
104	베케트 연극론	M. 푸크레 / 박형섭	8,000원
105	포르노그래피	A. 드워킨 / 유혜련	12,000원
106	셸 링	M. 하이데거 / 최상욱	12,000원
107	프랑수아 비용	宋 勉	18,000원
108	중국서예 80제	郭魯鳳 편역	16,000원
109	性과 미디어	W. B. 키 / 박해순	12,000원
110	中國正史朝鮮列國傳 (전2권)	金聲九 편역	120,000원
111	질병의 기원	T. 매큐언 / 서일 · 박종연	12,000원
112	과학과 젠더	E. F. 켈러 / 민경숙 · 이현주	10,000원
113	물질문명 · 경제 · 자본주의	F. 브로델 / 이문숙 外	절판

【롤랑 바르트 전집】

【東文選 現代新書】

▨ 정치학이란 무엇인가	K. 미노그 / 이정철	6,000원
▨ 사랑의 지혜	A. 핑켈크로트 / 권유현	6,000원
▨ 불교란 무엇인가	D. 키언 / 고길환	6,000원
▨ 텔레비전에 대하여	P. 부르디외 / 현택수	7,000원
▨ 유대교란 무엇인가	N. 솔로몬 / 최창모	6,000원
▨ 강의에 대한 강의	P. 부르디외 / 현택수	6,000원

【完譯詳註 漢典大系】

1 說　苑·上	林東錫 譯註	30,000원
2 說　苑·下	林東錫 譯註	30,000원
3 韓詩外傳	林東錫 譯註	근간
4 晏子春秋	林東錫 譯註	30,000원
5 潛夫論		근간
14 西京雜記	林東錫 譯註	20,000원
16 搜神記·上	林東錫 譯註	30,000원
17 搜神記·下	林東錫 譯註	30,000원

【한글고전총서】

1 설원·상	임동석 옮김	7,000원
2 설원·중	임동석 옮김	7,000원
3 설원·하	임동석 옮김	7,000원
4 안자춘추	임동석 옮김	8,000원
5 수신기·상	임동석 옮김	8,000원
6 수신기·하	임동석 옮김	8,000원

【李外秀 작품집】

▨ 겨울나기	7,000원
▨ 꿈꾸는 식물	6,000원
▨ 내 잠 속에 비 내리는데	6,000원
▨ 들 개	7,000원
▨ 말더듬이의 겨울수첩	5,000원
▨ 벽오금학도	7,000원
▨ 장수하늘소	6,000원
▨ 칼	7,000원
▨ 풀꽃 술잔 나비	3,000원
▨ 황금비늘(전2권)	각권 7,000원
▨ 그대에게 던지는 사랑의 그물	7,000원

【趙炳華 작품집】
▨ 공존의 이유   5,000원
▨ 그리움   7,000원
▨ 그리운 사람이 있다는 것은   5,000원
▨ 길   10,000원
▨ 개구리의 명상   3,000원
▨ 꿈   10,000원
▨ 버리고 싶은 우산   3,000원
▨ 사랑의 노숙   4,000원
▨ 사랑의 여백   5,000원
▨ 사랑이 가기 전에   4,000원
▨ 아내의 방   4,000원
▨ 잠 잃은 밤에   3,400원
▨ 패각의 침실   3,000원
▨ 하루만의 위안   3,000원

【기 타】
■ 甲骨文合集 (전18권)   60만원
■ 古陶文字徵   高 明 · 葛英會   20,000원
■ 古文字類編   高 明   24,000원
■ 金文編   容 庚   36,000원
■ 隸字編   洪釣陶   40,000원
■ 古文字學論集 (第一輯)   中國古文字學會 편   12,000원
■ 경제적 공포   V. 포레스테 / 김주경   7,000원
■ 서기 1000년과 서기 2000년   J. 뒤비 / 양영란   8,000원
  그 두려움의 흔적들
■ 미래를 원한다   J. D. 로스네 / 문 선 · 김덕희   8,500원
■ 밀레니엄 버그   S. 리브 · C. 맥기 / 편집부   8,000원
■ 잠수복과 나비   J. D. 보비 / 양영란   6,000원
■ 그로 깔랭   에밀 아자르 / 지정숙   3,000원
■ 그리하여 어느날 사랑이여   李外秀 편   4,000원
■ 노력을 대신하는 것은 없다   R. 쉬이 / 유혜련   5,000원
■ 서비스는 유행을 타지 않는다   B. 바게트 / 정소영   5,000원
■ 인생은 앞유리를 통해서 보라   B. 바게트 / 박해순   5,000원
■ 못잊어   김소월 시집   3,000원
■ 사랑의 존재   한용운 시집   3,000원
■ 산이 높으면 마땅히   劉 向 / 林東錫   5,000원
  우러러볼 일이다

■ 선종이야기	洪 熹 편저	8,000원
■ 어린이 수묵화의 첫걸음(전6권)	趙 陽	42,000원
■ 오늘 다 못다한 말은	李外秀 편	6,000원
■ 소림간가권	德 虔 / 洪 熹	5,000원
■ 李外秀	신승근 연작시집	3,000원
■ 原本 武藝圖譜通志	正祖 命撰	60,000원
■ 중국기공체조	중국인민잡지사	3,400원
■ 중국도가비전양생장수술	邊治中	5,000원
■ 테오의 여행(전5권)	C. 클레망 / 양영란	각권 6,000원
■ 십이속상도안집	편집부	8,000원